LA VERDAD EN TUS MANOS

LA VERDAD EN TUS MANOS

BLUE DRAGOON

LA VERDAD EN TUS MANOS

BLUE DRAGOON BOOKS

Published by BLUE DRAGOON BOOKS

Cover Art by BLUE DRAGOON BOOKS

Published 2022

INDICE

SIGNIFICADO DE CADA DEDO, TAMAÑO Y GROSOR

¿QUIROMANCIA, ARTE O CIENCIA?

QUIROMANCIA, RELATOS E HISTORIA

La actuación de los gitanos, sus mitos sobre la quiromancia.

Superstición vs. estudio científico del contenido de la mano.

Importancia de una lectura adecuada. (Casos diversos)

Cómo elaborar la historia del consultante.

QUIROMANCIA Y QUIROLOGÍA

¿Quiromancia o Quirología?

Ambos términos sólo son primos hermanos, si bien indican aspectos diferentes del estudio de la mano. Tanto la Quiromancia como la Quirología están basadas en investigaciones elaboradas por profesionales de la conducta y de la salud.

Linealmente relacionadas entre sí, son sin embargo muy diferentes: la primera es una herramienta de carácter orientador y, aunque pareciera predictivo, al igual que la astrología, es de complejo aprendizaje. Por ello, hemos expuesto en esta obra un procedimiento para decodificar cada uno de los aspectos que determinan como desenmaraña y reconocer esa semblanza de vida que es la mano.

La Quiromancia permite, mediante su lectura, guiar al consultante, hacerle ver sus potencialidades natales y futuras, desarrollar y fortalecer talentos, y corregir errores. Al conocer los códigos que oculta, también podemos ver detalles de carácter predictivo, cómo encontrar respuesta a su potencialidad para hacer dinero con facilidad, o bien si tendrá hijos y de cual sexo, o en cual época de su vida llegará la pareja anhelada. Estas, entre otras tantas interrogantes que se plantea el hombre en el devenir de su vida.

Quirología, término proveniente de la palabra griega keir, mano, y logos, análisis y estudio de aspectos tanto internos como de personalidad, temperamento, salud, destrezas etc. del hombre. Es la ciencia que a través del examen, observación e interpretación de las líneas, los signos y la morfología de las manos, fija pautas que normen su comprensión, hasta definir las características de una persona.

El propósito, la intención principal de un Quirólogo, se basa en lograr interpretar los dones y características primordiales de una persona, -sean estas de cualquier orden-, también su capacidad para desarrollarlas. Así mismo orientarlo para obtener una visión contextualizada de sus potencialidades, o estimar la razón por la cual determinados eventos aun no ha ocurrido y guiarlo hacia su encuentro.

El quirólogo versado detectará los talentos que el individuo dispone, al margen de que estos correspondan a su actual actividad profesional. Se hace el análisis teniendo en cuenta ambas manos, pues ellas son diferentes. En una es posible detectar una tendencia dominante, adicionalmente, el entorno social, el paradigma de vida, el sistema de creencias religioso, la educación, la capacidad, amen de los intereses personales, serán elementos decisivos en la elección de una profesión u otra. Aquí se valida que, aunque en las manos se encuentren plasmadas los aptitudes y destrezas, el uso del libre albedrío privará sobre ellas. Estudios se han hecho muchos, sin embargo la comunidad científica se reserva una opinión definitiva sobre esta materia aunque, precavidamente, relega la Quiromancia tomándola equivocadamente como un juego de salón.

Ésta, en forma conjunta, nos muestra potencialidades natales y futuras, mientras la Quirología nos enseña aptitudes tanto como capacidades y aspectos internos o de personalidad.

El hombre es un ser polifacético y creativo, por lo que no podemos confinarnos a ningún esquema rígido. Por ello indicamos que para poder ejercer ampliamente sus funciones, un quirólogo debe ser a su vez quiromántico y tener ambos conocimientos.

En última instancia, quizá la gran oportunidad del analista de la mano consista, precisamente, en aclararle al consultante y hacerle consciente de esos rasgos que lleva impresos, sobre todo, si su conducta cotidiana interrumpe su desarrollo. Aunque el individuo no pueda rehacer fácilmente el esquema fundamental de sus actividades, con una guía asertiva será posible corregirlo e incluso mejorarlo.

Frente a un buen intérprete, un par de manos que se muestran abiertamente representan un mundo de información; un universo de impresiones donde el experto explorará todo cuanto pueda. El carácter, su naturaleza, son detalles firmemente anotados en nuestra mano. Saber leerlos e interpretarlo es conocernos mejor, aprender a robustecer los campos débiles y a desarrollar las virtudes.

La esencia, el contenido de los eventos de esa vida, le permitirán expresar en palabras y/o imágenes, lo que esos diseños representan y, como traductor de los símbolos, deberá también orientar a quien ha buscado su asesoría. La mano nos da información exclusivamente sobre su dueño, aunque se pretenda que también nos hablen de sus familiares. Sin embargo, si hay una cierta correlación entre manos de padres e hijos por el vínculo energético que existe entre ellos.

Cada mano representará -para quien la interpreta- un nuevo estudio, que sumando a los que ya tiene, le conecta con su esencia divina, exigiéndole de esa forma, ser un servidor.

La manera contemporánea de analizar las manos está dividida en la interpretación y tesis comparativa de las formas de su estructura. Palma, dedos sobre todo el pulgar- y uñas. Este compendio es lo que se denomina Quirología. Mas, para estudiarla es preciso palparla, percibirla. Sentir la tersura o aspereza de su piel pero también su color, flexibilidad y la temperatura que emana de ella. Adicionalmente, observar la forma del arco que conforma la unión de dedos y palma. Y aunque le sorprenda, el puño no puede quedarse atrás, pues forma parte integral de ella, de quien es un compendio.

Definitivamente, la comprensión que se genera desde la estrecha relación entre Quiromancia y Quirología, nos proporciona la posibilidad de identificarnos y ampliar nuestros límites individuales. Se construye un proceso de autoconocimiento que nos lleva hacia el progreso personal, desde lo intenso y no desde lo frívolo o superficial. Eso contribuye a percibirnos desde la intimidad, a navegar en las aguas profundas del ser, buscando subsanar o mejorar aquellos aspectos que nos lleven a iniciar esa transformación personal y, desde allí, facilitar el camino al éxito y la evolución.

¿Cuántas veces hemos cometido errores por no vencer el temor al cambio resistiéndonos a él? Romances equivocadamente elegidos, trabajos aceptados desatinadamente, tendencias estériles en la toma de decisiones... o bien, el usual sabotaje a la vida, en el cual solemos incurrir, muchas pero muchas veces, precisamente por no conocernos lo suficiente o desechar nuestras potencialidades? Y así como cito estos temas, también hay una innumerable cantidad de factores diversos que podemos ver reflejados en una apropiada lectura. Estos nos revelara evidencias ciertas sobre nuestro mundo interior, manifestándose en el exterior a través de los diseños de las manos. Estas se dejan ver, descubren la verdadera esencia de nuestro ser, y sólo queda aprender a leer para interpretar.

Aunque controversial, el estudio de la interpretación de las líneas es muy asertivo, cada fracción de la mano representa una sección específica de la personalidad, áreas proporcionalmente más grandes revelan abundancia de aspectos, y los espacios pequeños indicarán lo contrario.

Como asesor del diseño de la mano, son pocos los datos o información que debemos pedirle al consultante. Para iniciarse y llevar una referencia ilustrativa, una ficha semejante a esta es necesaria:

Relación con los planetas

La Quiromancia tiene una correlación directa con la astrología y los planetas; sistema de códigos y símbolos que, sabiendo interpretarlos, relatan parte de la historia del consultante. En este caso, también alude a hijos, padres, pareja e incluso entorno. Las formas de la mano, únicamente hablan de nuestra vida, sobre todo para quien busca con ahínco su mundo interno. Acceder y conocerlos en profundidad, nos permitirán corregir, mejorar, e incluso incorporar sutilezas e inspiraciones que a veces creemos carecer.

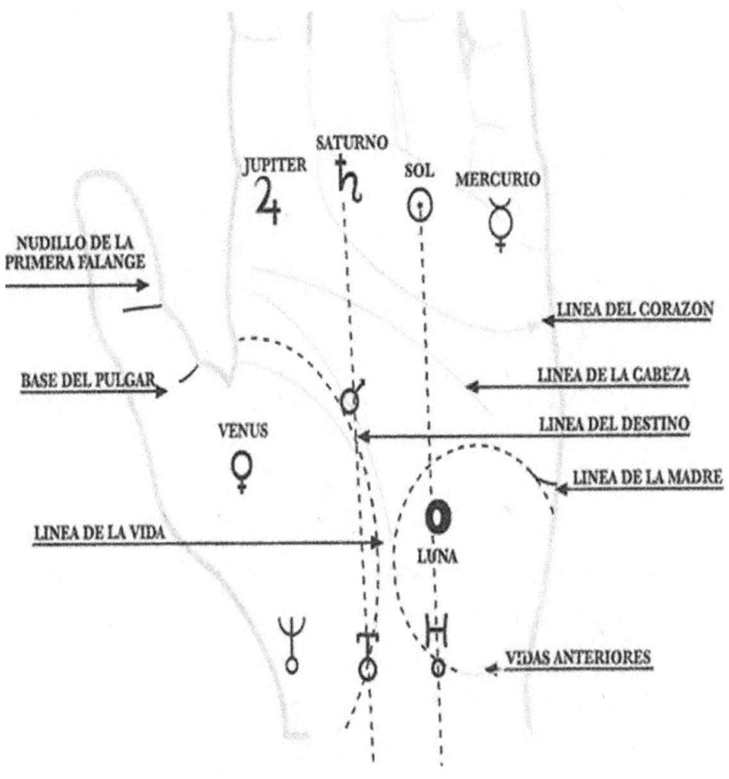

La mano y sus componentes se han designado con los nombres de los astros de nuestra bóveda celeste, como enunciado simbólico de lo que es; por ello es importante hacer un recuento fundamenta de los significados y f á b u l a s asociadas con la deidad que nombra al planeta para aplicarlo a la Quirología.

E identificar sus atributos y propiedades, para asignárselos a la mano en su caracterización con los astros. También conocer en profundidad los recuentos mitológicos de la nomenclatura que se les ha asignado, abre puertas a la comprensión de la acepción de ese componente, si se le relaciona con el de la leyenda tradicional. Por ello haré énfasis en relatar detalles que alcanzan una mejor percepción e interpretación quiromántica y quirológica. Para ello, es preciso hacerlo desde el entendimiento de las características de cada elemento de la mano, adicionado a las características de los astros cuyos nombres se les ha otorgado.

En el panteón romano, Júpiter es el dios supremo, protector del estado y sus leyes y el equivalente de Zeus en la mitología griega, a quien se consideraba el líder espiritual, tanto de dioses como de hombres. Los juegos olímpicos se hacían en su honor, y fue él quien le presento a Hércules sus doce faenas. A este planeta le toma doce años viajar alrededor del marco de referencia zodiacal para regresar a su punto de inicio, es aceptado como el gran benefactor, y el planeta de mayor tamaño en el sistema solar. En este mito, Júpiter juega el papel del maestro y representa la expansión. En la carta zodiacal administra el cosmos, su aspecto favorecedor es asociado al liderazgo, principios filosóficos, las leyes, la política, educación superior, los viajes, abundancia y rituales. Se le ve con figura patriarcal, guardián de la gente y allí, en la rueda astrológica, es el Guía Protector que nos cuida y lleva al éxito. El gran dador de regalos, lo que representa nuestra generosidad. Se le asocia con jueces y abogados, y sus tránsitos, dentro de la rueda astrológica, pueden traernos una euforia sin igual que conduce a la gente a manejarse muy bien dentro de su cosmo individual.

Es el astro que nos lleva a recibir las oportunidades de su vida. En lo negativo, manifiesta excesos y en el físico, se expresa en condiciones adversas como la gula, pero si lo fuese en lo espiritual seria una persona ortodoxa. En la Quirología, se señala al dedo índice con el nombre de este planeta, y al igual que este, señala el destino y las oportunidades; facilita el paso por la vida.

Saturno, elemento de tierra que astrológicamente gobierna la casa X. Allí, donde reina el signo de Capricornio, se encuentra circundado por anillos compuestos de hielo y rocas. Conocido en Babilonia como Ninibe y por los griegos como Cronos, es el planeta que representa el tiempo; su paso se vincula con la agricultura desde la siembra y fue uno de los siete titanes de Numina. Es el sexto planeta alejado del Sol y el segundo de mayores dimensiones en el sistema solar. Le toca girar durante casi treinta años antes de regresar a su casa natal. Esotéricamente, mientras a Júpiter se le concede el crédito por todas las bondades, a Saturno se le relaciona con el karma, es la contracción y las limitaciones. Astrológicamente representa las restricciones y el control.

Como detalle curioso, Saturno es el dios que implementó los Años Dorados, esos que hoy en día se conocen como los del retiro. Cuando se han aprendido las lecciones que él nos dio, y las hemos aceptado con tolerancia -tanto por si mismo cómo por los demás, se envejece con dignidad y adquiere sabiduría.

En Quirología, se señala al dedo medio con el nombre de este planeta, simbolizando que su configuración nos habla de tiempo, limitaciones y regulaciones, pero también es el equilibrador, y por ello es el del medio.

Apollon, mejor conocido como Apolo, es el dios más familiar de la cultura occidental, quien encarna al Sol, el cuerpo celeste de mayor tamaño en nuestra galaxia cuyo radio es casi ciento diez veces mayor que nuestro planeta, la Tierra. Astrológicamente regenta el signo de Leo, arquetipo masculino del ser interno, la energía vital, la fuerza. Una verdadera unión entre las cualidades masculinas y femeninas, el más exquisito y dotado de hermosura de todas las deidades griegas, también llamado "el caballero del Olimpo". Talentoso como músico, médico, matemático y profético simboliza el balance entre la conciencia y el conocimiento místico. Punto de apoyo entre yin y yang.

Dice una leyenda, que un día Apolo, el Sol, se acercó a Delfos, quien permanecía guardada por la gigantesca serpiente Pitón. Al tenerla cerca la ejecuta en una batalla y, desde entonces, a la sacerdotisa Delfos se la conoció como pitonisa, y era quien respondía todas las interrogantes y preguntas que se le hacían al Oráculo. Por ello, en Quirología, algunos de sus aspectos aluden a los psíquicos y videntes. Simbolizado por el dedo anular, personifica la lámpara que -con su brillo- ilumina el saber interno.

Mercurio, es la deidad de la comunicación en todas sus facetas. Las palabras que se acogen a este signo son la tenacidad, el toque de ingenuidad. Esta relacionado con el movimiento, la inventiva, la capacidad de intimar, de mediar, negociar, ser estratega y sanador. Pero así como es el mercader, también es el timador. Por esto último se le asocia con el dedo más pequeño de la mano, el meñique, que aunque tiene todas las características físicas de los dedos mayores, es de menor tamaño.

Sin hacer desmerito de ningún planeta, el pulgar representa -en Quirología- a Venus, el más hermoso, exquisito y brillante de todos. Fácilmente visible, estrella matutina y del anochecer, personifica el conjunto de las características morales de la persona. Como deidad, en la mitología romana, Venus es poderosa y reverenciada, se la vincula con la fertilidad, el amor y es el prototipo de seducción que se manifiesta en el equilibrio. Señala las artes, el sentido de la estética, su vida afectiva, la generosidad del hombre y manifiesta el equilibrio.

Diosa de la belleza y del amor, simboliza el atractivo sexual aunque también refleja el alma humana. Se la ritualiza especialmente en el mes de abril, para ennoblecer la perfección y el encanto. Venus, cuya estampa muestra la delicadeza física, es hija de Uranos y madre de Cupido- Eros con cuya complicidad seduce a dioses y mortales. Cuando observó que su hijo Cupido no crecía, acudió a consultar al oráculo de

Temis sobre ese tema, la respuesta fue sabia: "El Amor no puede crecer sin Pasión".

Dice la leyenda que para ayudar a su hijo a desarrollarse, Venus se convirtió en la diosa de la pasión, encarnando asi el aliento erótico y el placer sexual. Usaba un fajín mágico que impulsaba a los hombres a caer rendidos ante ella, lo que la llevó a tener múltiples encuentros amorosos. Por ello se le asignaron los atributos necesarios como fuente de toda belleza y madre de toda fecundidad. De igual forma lo hace el pulgar: moderación, sensatez y prudencia serían los términos que lo identifican.

Curiosamente entre los mayas y otras etnias mesoamericanas, como planeta, era el de mayor importancia, del que solían argumentar, que ejercía un efecto psicológico. En Quirología, un pulgar cónsono en tamaño, grosor y forma de erigirse, simboliza, precisamente, la armonía.

En la mano, tenemos representados cinco planetas, pero adicionalmente, en los montes, se encuentra la Luna, que se expresa como mediadora entre las deidades y los humanos.

Relación con los elementos

El estudio de las manos suele ajustarse a la filosofía regional o geográfica de donde ésta se genere, a ello debemos las diferencias, o digamos, aparentes diferencias, entre una fórmula de estudio y otra.

De acuerdo con la Quirología China y los seguidores del Islam, quienes en la antigüedad consideraban que ésta era la ciencia de los nombres divinos, las manos se asocian con los cinco elementos de la naturaleza pero en el mundo occidental, se opta por hacerlo con solo cuatro de ellos:

Sólidas y muy cuadradas, de dedos cortos y con una palma que exhibe pocas líneas aunque fuertes y bien definidas, son las Manos de Tierra. De personalidad seria y diestra en sus labores, disfrutan de tareas artesanales, y quienes poseen este tipo de mano, no son precisamente simples ni les agradan las majaderías. Se inclinan por cosas interesantes, consideran las experiencias físicas de mayor importancia que las intelectuales pues, en esencia, son prácticos y conservadores. Prefieren disfrutar de la vegetación en un parque más que en una visita social. Y desde el punto de vista de la salud, suelen tener dificultades intestinales, renuentes a aceptar disciplinas que consideran no científicas, por lo que difícilmente buscan un Quiromántico para que los evalúe. Tauro, Virgo y Capricornio son la manifestación astrológica de ellos. Cuando se trata de personas muy evolucionadas, poseen un elevado nivel y, sus criterios, reconocen los aspectos de desarrollo humano bien consustanciados con los del mundo de la tercera dimensión.

Aire: astrológicamente corresponden a los signos de Acuario, Gemini y Libra. Se caracterizan por tener los dedos largos y tienden a tener abundancia de líneas claras en la palma. Su recreación se mueve en el mundo intelectual; curiosos y llenos de ideas, se sienten incómodos en ambientes de tensión pues suelen sufrir de nerviosismo. Y desde el aspecto salud sufren de los riñones. Buenos comunicadores y en trabajos donde se conecten con el público, pero en cambio, tienen dificultades en sus relaciones interpersonales o de mucha cercanía. Pueden tender a intelectualizar sus sentimientos y emociones, aunque son estables en ellas.

Fuego, de palma alargada y dedos cortos, son las que se ubican en esta clasificación. Las líneas suelen ser muy marcadas, bien definidas y -en su totalidad- la mano puede dar la sensación de vibrar. Las personas que tienen este tipo de mano, son enérgicas y orientadas hacia la acción, prefieren deportes de riesgo que impliquen desafíos. Sufren accidentes cardiovasculares y problemas de la misma índole. Suelen ser líderes, requieren de la variedad y adolecen de falta de paciencia, pues tienden a ser individualistas. Los signos que los simbolizan son Leo, Aries y Sagitario.

La mano de Agua está representada por aquellas que tienen muchas líneas finas, y tanto la palma como los dedos, son alargados. Se las encuentra en individuos emotivos y sensitivos, son además receptivos, artísticos y solícitos. Nos permite reconocerlos pues suelen ser alérgicos, nerviosos y acusar problemas psicológicos. En principio, son motivados por sus sentimientos, se sienten cómodos en un entorno armónico y pacífico, y molesto cuando se asocian al stress. Como signo astrológico suelen ser Escorpio, Cáncer y Piscis. Se inclinan por las ventas y trabajos administrativos en las oficinas, antes que labores artísticas o manuales.

Todo cuanto se observa tiene valor, la experiencia y ejercitación en este campo, al hacerlo en muchas manos, es lo que nos permite definir y precisar las bondades de un buen código, que admita hacer una interpretación inequívoca de su cliente. A su vez, contribuirá a ubicarle hacia cambios que modifiquen, transformen o reafirmen aquellos matices que en su vida tengan peso específico, sea en el campo positivo o negativo, de su evolución como individuo.

ANATOMÍA DE LA MANO, UNA HISTORIA PERSONAL

Formas y estilos de la mano

Líneas; características e interpretación.

Dibujos comparativos.

Formas geométricas

La mano en su totalidad, instrumento perfecto del ser humano, citada también como la "madre de las herramientas", es un símbolo mitológico que el hombre ha adoptado como emblema de algunos de sus actos más trascendentes. Un extraordinario elemento con veintisiete huesos y treinta y siete músculos, unidos entre si por tendones.

Es, distributivamente, la porción más sensitiva del cuerpo y la que ocupa la mayor parte del cerebro; la impresión de nuestra vida, la historia del hombre grabada en ellas. Tal cual como si la hiciese un computador sorprendentemente preciso y, en ella, vemos el esquema que señala carácter y destino. Son una suerte de libro abierto donde, quien conozca sus símbolos y la interpretación de ellos, puede leer con facilidad. Así como dos cristales de nieve ambos hexagonales difieren en sus otras características, así cada mano amerita una explicación distinta. Siendo como son las dos disímiles, algunos detalle pueden comprobarse en ambas, como las dolencias y enfermedades, que se reconocen en la mano izquierda. También nos habla del pasado y representa contenidos espirituales y compromisos karmáticos.

Los sufrimientos se confirman en la derecha, que por cierto, es también la que manifiesta lo material, el se refiere al aquí y el ahora en vías hacia el porvenir. La izquierda es afecta al lado emocional del individuo, mientras a la diestra se le aplican características intelectuales. Dentro de las diferencias, es interesante señalar que aun siendo desiguales, en sus aspectos fundamentales una mano suele ser espejo de otra, esto redunda en la comprobación de un hecho cuando se ve reflejado en ambas.

De igual forma varían los usos y significados para la palabra "mano": como expresión artística durante el baile, como un amuleto para evitar el mal de ojo y, en ese caso, hace parte de la cultura árabe donde es diseñada como mandala. El saludo del puño cerrado es una negación de la conexión del alma con lo divino, por lo que mostrar la mano en esa posición, es un gesto que se interpreta como pretendido símbolo de poder, el cual históricamente fueron y son usado por los dictadores.

La mano mata y cura. La energía que se canaliza a través de ellas, determina de qué forma se activan los vórtices*; estos entran en acción cuando se está preparado para expandirla.

A través de los tiempos, se le han dado al apéndice prensi otros valores y considerado otros ritos; es el caso de los esponsales, una derivación de ancestrales costumbres asiáticas, allí, a modo de firma en el ritual de la boda y como manera de sacralizar la unión, los sacerdotes o gurúes de grupo, colocaban el sello de la mano en el documento/compromiso de boda. De la misma manera, en el occidente el juramento de matrimonio se fija con la "pedida de mano" del novio hacia quien desea como su futura esposa. En la antigüedad se las solía mostrar abiertas y con las palmas hacia arriba para indicar que no se portaba ningún arma. Y desde el punto de vista religioso, no podemos olvidar los relatos del Antiguo Testamento, en el que observamos cómo Jacob impuso sus manos sobre dos nietos, tal como lo hizo Aarón para bendecir al pueblo hebreo cuando inicio su sacerdocio. Podría seguir enumerando infinitas referencias y relatos donde la mano ocupa un lugar de relevancia.

Es así como el cerebro, funciona organizándose cual holograma que, matemáticamente, construye la realidad. Asume que el todo esta en la parte y ésta se encuentra en el todo, tiene la capacidad de acceder a frecuencias y realidades cósmicas, que al mundo material se le dificultaría de no ser por qué las manos son un fragmento de esa totalidad. En ellas se ubica la memoria del consultante, donde almacena su personal aprendizaje de vida.

Características fundamentales

Una persona diestra tiende a ser más lógica y concreta, pues esa porción de su anatomía está conectada con el hemisferio izquierdo, el cual maneja el mundo de la razón y la vida en la tercera dimensión. En cambio, los zurdos suelen ser más creativos, al contrario de los derechos, los impulsos que se generan hacia sus manos están unidos a ese hemisferio, haciéndolos más intuitivos y productivos.

La forma también indica el quehacer del consultante. Finas, de proporciones armoniosas y estimulante apretón, con movimientos graciosos llenos de expresividad, se relacionarán a seres afectivos y sensibles. Un negociador las lucirá fuertes y grandes; si la mano es exageradamente voluminosa y huesuda, indica poca inteligencia, arrogancia y pedantería, sumado a ciertos sentimientos primitivos. Pero también pueden referir un trabajador que las usa en sus labores. En cambio cuando son fofas, suelen describir a personas prejuiciosas, delicadas y con un alto grado de sensualidad, viciosos jugadores de cartas y dados, seres engañosos, delincuentes.

Se conoce como mano mayor, aquella con la que mejor nos manejamos indicándonos eventos futuros, así como lo que somos externamente, como la gente nos percibe. La otra, la mano menor o interna, nos muestra las potencialidades y cómo somos en nuestro interior. Aquella con la que escribimos es la dominante, mientras la otra manifiesta el destino, y ambas son la expresión en el físico, de un universo psíquico que nos proporciona una diversidad de expectativas al efectuar una interpretación.

Tipos básicos de manos

De los diversos métodos existentes dedicados al estudio de la forma y conocidos como análisis quirognómicos, el desarrollado por la doctora Charlotte Wolff en los años cuarenta del pasado siglo XX, sobre los rasgos sobresalientes del carácter, constitución y aptitud vocacional del individuo, sigue siendo todavía el más adecuado para obtener una visión condensada. Dado que raramente se dan tipos de manos puros, esta clasificación sólo debe considerarse como una guía.

Mano elemental simple:

Se caracterizan por tener los dedos pequeños, sobre todo el pulgar. Manos cálidas y secas, con buen color y piel áspera.

Palma breve, ancha y recia, con dedos duros de falanges cortas y con uñas anchas. Pocas líneas y de diseños profundos.

Este conjunto muestra una mano sólida de aspecto casi rudo. Suelen ser personas de reacciones lentas, modales indelicados, mal carácter y sentimientos. Suelen colocar el instinto por encima de la razón, por lo que se las vincula con los aspecto primitivos del hombre. Sienten los placeres de la vida y tienen una actitud indulgente hacia los demás, adoptan actitudes protectoras con quienes ven débiles. Puesto que su energía es más física que intelectual, igualmente el área de la construcción les agrada. Se suelen complacer con las manualidades o labores agrícolas y de jardinería, y el masaje. Pero también es la mano de los relojeros, o de quienes se dedican a trabajos que ameriten precisión.

Mano elemental irregular o regresiva

La que se corresponde con personas que acusan dificultades de adaptación social o integración familiar. Sin embargo son habilidosas, propia de escultores y modeladores de arcilla y ceramistas, aunque en general los artistas plásticos las suelen tener al igual que los músicos. Podríamos reunir aquí a los artesanos, orfebres e incluso, científicos.

En otros aspectos se parece a la mano elemental. La porción inferior de la palma es ancha, de piel rugosa con poca flexibilidad. Los dedos inconexos y tensos que pueden ser igualmente cortos o largos, con uñas primarias o cóncavas, aunque también puede aparecer la línea simiesca o carecer de la longitudinal larga. Las otras líneas son numerosas y bien marcadas, mostrando una cierta excitabilidad e inestabilidad de carácter, sin embargo en otros aspectos son gente de buen talante, sumisos y parsimoniosos aunque hipersensibles.

Mano carnosa motora se determina por esas características:

Amplia y robusta, que se observa en empresarios, políticos y militares, suele lucir como una mano pesada. En el área de la plástica, es muy frecuente entre escultores. De poca o ninguna rigidez en la piel y los dedos, que culminan en uñas cortas pero anchas. Sus tenedores suelen ser pacientes y estables; amantes de emociones fuertes, de la comodidad y la perfección, pero también son comunicativos, risueños y humanitarios.

Mano motora huesuda muestra líneas profundas y abundantes, una estructura ósea de marcada rigidez, aunque la piel es más tersa que las anteriores. Su palma es muy plana y, junto con los dedos, tienen características semejantes: fuertes y largos, algo duros, culminan en uñas alargadas, y estrechas. Es propia de personas dedicadas a los deportes de precisión, pero son determinantes en quienes ejercen carreras tanto en las áreas humanísticas como científicas. Suelen tener una conducta llena de dinamismo y vitalidad aunque tímidas y reprimidas en materia sexual. Fácilmente impresionables y algo nerviosas. Políticos y comunicadores sociales, tanto como literatos, relacionistas públicos o investigadores de la ciencia, comparten las mismas características en sus manos.

Mano sensitiva al igual que sus dedos y uñas, es larga, fina, con delicada estructura ósea y pobre desarrollo muscular. De piel fina y tono pálido y brillante. Suelen destacar por igual en clarividentes, canales, psíquicos tanto como en docentes y filósofos. La palma está surcada de profusas líneas superficiales y delicadas, como lo es su mundo emocional, por lo que muchas veces se introducen en el esoterismo, la religión y las ciencias ocultas. Contribuye a esto su carácter ermitaño, discreto y siempre romántico. Su sentido crítico es amplio y prefieren actividades donde pueden pronunciarse con libertad, por lo que aquí se marca como aptitud vocacional a los profesores, los artistas y otros intelectuales. Las más proporcionadas -en todos los sentidos- son las manos compuestas. Representan las cualidades personales, una combinación de virtudes y talentos que, a la vez, señalan a personas de elevado equilibrio emocional. Hablan pausadamente y no levantan la voz, se expresan demostrando inteligencia y tienen variadas aptitudes. Si existiese una forma de formular la normalidad, podría decir que estas son manos normales, pues no predomina ninguna de las variables anteriores o bien, se manifiestan todas.

Las manos son tan diversas, que las señales indicativas de ciertas tendencias pueden encontrarse en todas ellas. Es cuestión de hacer su análisis combinado con las peculiaridades de los otros elementos que la componen, pues totalmente puras en su estilo no las hay, y la clasificación sólo debe considerarse como una guía para su reconocimiento y estudio. Puesto que todo influye al momento de emitir un veredicto, el Quiromántico tendrá cuidado antes de emitir opinión; debe recordar que su palabra puede servirle de guía y orientar al consultante en la toma de decisiones acertadas, hundirlo en el desánimo pero también confundirle si no le ofrece las indicaciones necesarias.

Líneas de la mano

A veces, nos animamos a confiarle a otros la experiencia de habernos lanzado a pedir una lectura de manos. Algunas de las personas con quienes compartimos este hecho, nos someten al escarnio con sus burlas, o comentarios como ¿fuiste a leerte la buenaventura? Ja ja! Otras, se interesan meramente por los resultados.

Las primeras confunden -por desconocimiento o ignorancia- la quiromancia con adivinación, y lo asumen como carente de seriedad; a las segundas no les importa mayormente cómo se ha logrado la lectura, pues en nuestros tiempos ya sabemos que esta actividad tiene especial alcance y es vista con deferencia.

Para que el mayor número de personas se coloque del lado de quienes conocen y respetan la Quiromancia, está dedicado este libro.

Lo más notorio al abrirse una mano es, definitivamente, el trazado de sus líneas. Son las coordenadas que nos proporcionan mayor información sobre quien las tiene, son únicas precisamente por el carácter representativo de nuestras memorias, anhelos y carácter individual. Puesto que hay una unión entre nuestra personalidad, pensamientos y experiencias, la forma como nuestras manos y sus marcas existen representarían entonces una firma personalizada. Una línea normal sería la que lleva un rasgo libre de rupturas y su delineo es nítido y claro. Se dividen en dos grupos: mayores y menores, a las que se conoce como líneas secundarias. Las primeras son las más destacadas la de la Vida, el Corazón y la Cabeza; estas, aunque son los tres trazos primordiales, no todo el mundo las tiene. Algunas manos están diseñadas con solo una línea que horizontalmente cruza la parte superior de ella, es la combinación de las que representan cabeza y corazón. Ésta es conocida como la Línea Simia, en la cual teniendo Cabeza y Corazón unidos, las funciones mentales y emocionales también lo están, y quienes la poseen exhiben un temperamento intenso y fogoso, y están aspectados por la lógica.

Las líneas primordiales marcan la personalidad de quien las tiene delineadas en sus manos, por ello su análisis debe ser hecho en profundidad.

Adicionalmente, hay una serie de líneas conocidas como Secundarias, y en este grupo, están las de la salud, de la fortuna, y luego la del destino. Algunos lectores de mano desmerecen la importancia de ésta última, aludiendo que el destino no existe. Sin embargo no es la opinión general. Otras personas piensan que este ya viene escrito, y nosotros tan solo somos los lectores de esas indicaciones, que luego nos convierte en ejecutores de sus mandatos.

La realidad es que cuando elaboramos nuestro proyecto de vida para una específica encarnación, en conjunto con los Maestros y Guías que nos orientan acordamos sus aspectos determinantes. En esas decisiones, consideramos tanto los aspectos karmaticos -las responsabilidades que se asumen por no haberlas cumplido en previas encarnaciones- y los dharmáticos -las indulgencias que nos serán otorgadas como compensación por las bondades que hemos asumido con anterioridad. Entre ellos, se estipulan lo que decidimos hacer a nuestro regreso a la vida, y eso podría ser considerado destino. Esas vienen expresadas por surcos en la izquierda, y es nuestro proyecto de vida de natal, tal como se origina en esa misma forma la rueda radical de nuestra vida. La que nos señala la composición astrológica al momento del nacimiento.

El resto de nuestro quehacer en esa vida, dependerá de las determinaciones que ejerceremos a través del uso del libre albedrío conformando nuestra experiencia, ellas pasan a mostrarse en la mano derecha. Estas son modificables.

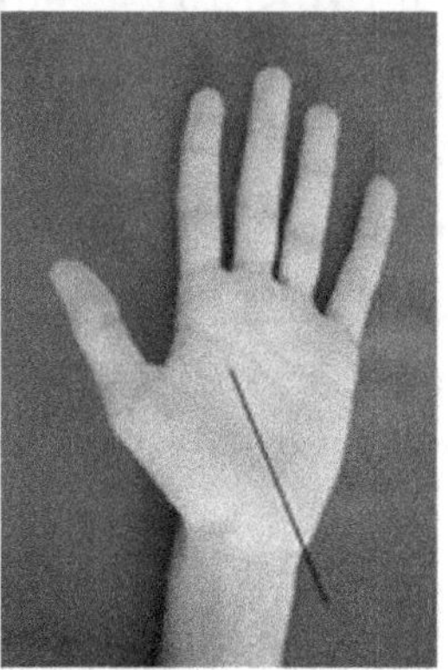

Línea de la Vida o Vitalis es una de las señales que se encuentran en absolutamente todas las manos. Contrario al concepto general, no implica cuantos años durará su tenedor, pero si indica su calidad y la forma cómo obraremos. De igual manera el carácter y enfoque que se le da. Esta línea, indica además, el deseo de vivir.

Se inicia en el vértice de la mano entre el pulgar y el dedo índice en se arquea hacia abajo alrededor del área del pulgar mismo, y esa porción carnosa que conocemos como Monte de Venus, llegando casi hasta la muñeca. Su nacimiento indica cómo ha sido la infancia.

Si es curvada, larga y diáfana, ese consultante será alguien de sólida constitución física, rebosante de vitalidad y sus surcos muestran a un sujeto que puede llevar a ser longevo.

Cuando la línea es corta muestra poca ambición.

Vitalidad, serenidad, buena salud cuando está bien definida. De lo contrario señala accidentes y pobre salud.

Si tiene porciones fragmentadas - - - de niño se ha sufrido maltratos o la infancia ha sido complicada.

Si se encuentra unida o demasiado cerca a la línea de la cabeza, es el tiempo cuando el carácter se va formando.

Si ésta línea esta cruzada por otras, indica ansiedad personal o por familiares y preocupaciones.

Donde quiera que se cruce con la línea de la cabeza, será símbolo de una separación amarga.

El segmento inicial de la línea de la vida, se encuentra debajo de lo que se conoce como Monte de Júpiter, el que encontramos bajo la abultación inferior del dedo índice. Pero si está por encima de ese monte, su personalidad estará regida por la ambición, sin embargo sólo logrará sus objetivos si el pulgar y la línea de la cabeza son endebles. Colocada sobre el segmento más grueso de la palma, dos y medio centímetros (una pulgada) de línea, representan setenta en número de años.

Para su mejor interpretación, es propicio dividirla en tramos que signifiquen -digamos- diez años cada uno, por lo que los dos primeros de ellos será el inicio de la juventud hasta los veinte años, y así sucesivamente.

Línea de la Cabeza

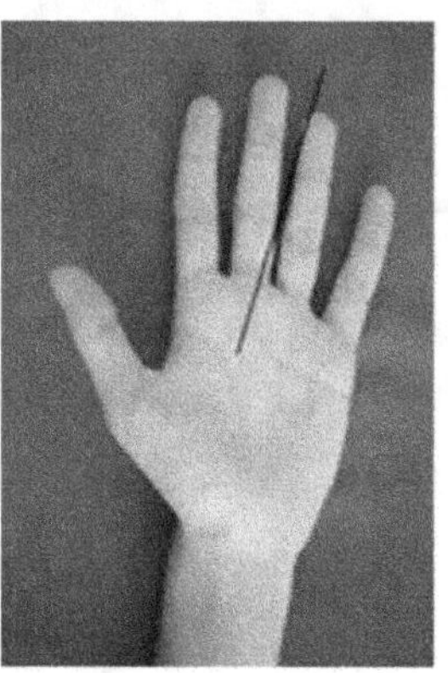

Conocida como Trazo de Marte puesto que nace bajo el monte de ese mismo nombre. Comienza entre el pulgar y el índice, cerca del inicio de la Línea de la Vida, aunque ocasionalmente, van muy separadas y transcurre por la palma de la mano. Se le señala como la más importante de todas. Señala el estilo de pensamiento, más ni la inteligencia ni las aptitudes literarias, por lo que se la cita como del cerebro, e indica la energía mental del consultante que la posee.

Una línea de la cabeza curvada, señala a un pensador intuitivo, mientras que si lo es en demasía, indica una clara disposición a la lógica, y su prolongación señala el tiempo que pasa en el mundo de la reflexión. Es conveniente recordar que, toda recta denota control, pero si adicionalmente es corta, marca una mente práctica y perspicaz, propia de empresarios. Representa también las dolencias del sistema nervioso o de la psiquis.

Hay otras características interesantes sobre este surco y en la lectura de este trazo, no puede ser puesto de lado ningún detalle que diferencia una u otra mano:

Casi recta sin llegar al borde de la mano muestra buena memoria, concepto asertivo de la lógica y mayor inteligencia

Pequeña y de trazo fino y poco perceptible, marca el talento.

Larga y delgada, muestran cierta extravagancia, les agrada el lujo, el sibaritismo, y aprecia la ostentación. Pero únicamente larga habla de una persona llena de fantasía.

Cuando aparece aislada, señala una persona independiente.

Si en la mano izquierda el trazo es endeble, la línea baja y en la derecha se encarrila, supone que la persona no ha logrado seguir su tendencia natural. Pero si adicionalmente en la mano derecha la línea es más marcada, implica mayor inteligencia.

Si la línea se encuentra paralela a la del corazón, la persona es firme y recta. Cuando es larga y definida, indica capacidad y lógica. Pero si es corta, la persona tiene ideas fijas y una capacidad intelectual limitada.

La Línea del Corazón (Mensalis)

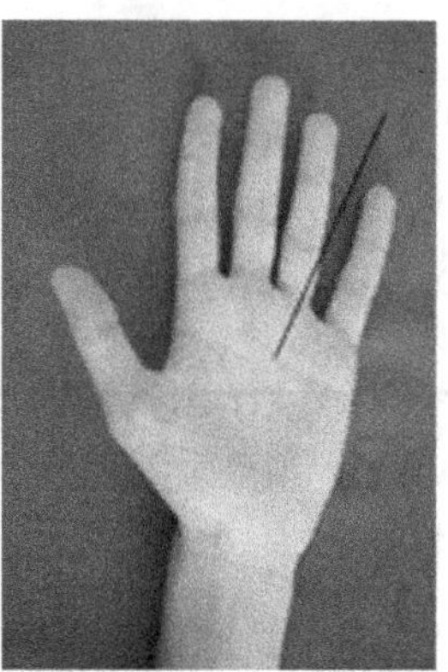

Es el ecuador de la mano y manifiesta el estilo amatorio, más no se trata de un tratado marital. Comienza justo bajo el dedo meñique, el que conocemos como Dedo de Mercurio y corre a través de la parte superior de la palma. La línea del Corazón revela el estilo y grado de sensibilidad de un individuo así como su historia emocional: alegrías, tristezas, añoranzas, desilusiones amorosas. Si ella permanece en la parte inferior de la mano, nos indicará que los gobernantes son los sentimientos -el corazón- antes que la cabeza, pero si la línea es sumamente recta nos revelará la intelectualización de las emociones. Dolencias como problemas circulatorios y otras del corazón, también son señaladas por ésta línea.

Otros detalles interesantes serían:

Normal con tendencia a alargarse hacia la parte superior del monte de Júpiter, señala a una persona afortunada en cuestiones del amor.

Pero si cubre la palma por ser muy larga, se trata de una persona celosa en extremo pero apasionada en la acción. Muy corto señala escasez de sensibilidad, al igual que cuando concluye en el monte de Saturno, pero en este caso aunque es muy sensual también es materialista.

Bondadoso tierno, afectuoso y muy protector, cuando de buenos sentimientos, se ubica concluyendo en el monte de Júpiter.

Mano de joven varón, 15 años, estudiante.

Dorso nítido muestra con firmeza los pliegues en los nudillos. Desde esta óptica, no es excesivamente notoria la diferencia de tamaño entre los dedos, con natural predominio del dedo medio. La piel suave indica a una persona intuitiva.

Palma cuadrada, lisa de piel tersa en equilibrio con los dedos rectos, de puntas redondeadas y falanges muy uniformes. Clasificada como mano cuadrada, pues las tres líneas fundamentales sobresalen y se equilibran. Corresponde a una persona talentosa y amante de la belleza.

Líneas menores o secundarias: se dice que son las que menos importancia tienen en un estudio quiromántico, sin embargo mi criterio es que representan aspectos que complementan la totalidad, pero es prudente repetir que la buena lectura quiromántica depende -precisamente- de estos trazos. Corren en forma vertical y se denominan de acuerdo con el dedo en el que concluyen. Son muchas y pueden o no aparecer y, cuando lo hacen, semejan pinceladas en el marco de referencia de la palma. Como todo lo aquí señalado, corresponden a códigos cifrados y tal vez no en su totalidad, citare las más necesarias, pero en el devenir de la experiencia, cada quiromántico irá descubriendo líneas las cuales otros pueden no haber dado la importancia que merece.

Línea del Viajero

Aunque parezca paradójico, corre en forma horizontal debajo del monte de Venus; suelen aparecer en pares, pero la que brote solitaria, indicará la importancia de ese viaje en particular. Y si cruza la línea del destino, se trata de un viaje que le cambiará la vida. Únicamente quienes tienen señalados los viajes en ambas manos, los llevarán a cabo. De lo contrario, usarán su libre albedrío y a pesar de tenerlo indicado de nacimiento, deciden no efectuarlos.

Línea de la intolerancia

Nos señala el carácter de la persona, sea esta sumisa o intensa, como suelen serlo quienes tienen esta coordenada señalada, pero si está en la mano diestra, definitivamente será alguien irritable o rabioso. Al mostrarse en la mano izquierda, en cambio, será una personada dominada por las emociones y los instintos, e incluso, muy apasionado. Se hacen notar por que no mantienen una conducta pública cónsona. Esta línea atraviesa la palma de la mano desde el monte de Venus hasta el de la Luna.

Línea del Amor

Está señalada por líneas cortas, situadas debajo del dedo de Mercurio o meñique y al borde de la mano en forma lateral. De ninguna manera se puede alegar que cada línea representará un amor, indicará los amores estables, hayan o no contraído nupcias, y en ese caso aparece con nitidez. Esto es incluso valido para las parejas homosexuales. Por eso los amoríos pueden no verse representados en esta línea.

Línea de la Descendencia, hijos

Se trata de pequeñas coordenadas verticales que nacen en el monte de Mercurio, bajan desde la misma base del dedo meñique y, sin cortarla, descienden hasta la del matrimonio. Curiosamente, se suele decir que tantas líneas de ese tipo tenga una persona, ese será el número de hijos que procree. ¡Craso error! Simplemente indican que hay una posibilidad de que los tenga, más sin indicar número. Quedaría por analizar con detenimiento la mano derecha, que confirmaría lo visto en la izquierda.

Línea del Celibato

Evidentemente, si no existe línea de matrimonio, esta estará muy bien trazada, pero debo aclarar que ello no implica la ausencia de pareja como alianza amorosa, pero sin compromiso legal. También nace en la base del dedo meñique y se reconoce por estar situada por encima de la del matrimonio.

Formas geométricas

Las manos muestran importantes y significativos signos de tipos diferentes a lo que son sus bases que veremos más adelante. Estos se concretan como modelos geométricos tradicionales, léase triángulos, cuadrados, círculos.

Para nadie es secreto que la fórmula por excelencia es el círculo, símbolo del mejor augurio y en sí mismos interpretan la perfección. Son manifestaciones de bienestar, opulencia en ganancias materiales, prosperidad. Cuando uno de estos se coloca sobre Mercurio nos anuncia la compostura, moderación en los impulsos y paciencia. Se les reconoce como un buen presagio para quien las tiene.

Si continuamos con los signos de configuración geométrica, encontramos los triángulos que en este caso sí son altamente positivos pues nos señalan talentos en lo espiritual y místico, artes y ciencias. Cuando se coloca en el dedo de Saturno, especialmente en su tercera falange, la persona además de verse amenazada por el destino, es egoísta.

Si esta figura es estrecha representa a un avaro y cobarde, pero si está bien delineado la persona goza de estupenda salud y es mentalmente equilibrada y armónica. ¡Ah! y ojo: con facultades para el misticismo, la magia y las ciencias ocultas cuando sus líneas son profundas y de forma alargada. Si el triangulo está invertido en la porción inferior de la mano, refleja un suceso de tal importancia para quien lo posea, que le hará cambiar de vida en aspectos determinantes de su nivel socioeconómico.

Y finalmente los cuadrados que simbolizan un amparo contra el peligro y las acechanzas. Se encuentran ubicados en el espacio que demarcan las líneas de la cabeza y el corazón, integrándose en sentido horizontal desde el monte de Júpiter hasta el de Marte si fuese la mano izquierda y lo contrario en la derecha. Cuando este signo se observa en el monte de la Luna, nos indica viajes con inconvenientes aunque no invisten gravedad. Cuando el cuadrado es ancho representa una persona franca y valerosa. Pero si está irregularmente trazado la persona es tímida e insegura, aunque un cuadrado es siempre protección contra los aspectos negativos. Como curiosidad, la presencia de un cuadrado en la línea de los viajes indicará que es un trayecto con protecciones cósmicas. Adicionalmente, también hay otras figuras, estrellas, cruces, puntos, rejas.

Las estrellas, aunque de forma hermosa, se desdicen de ellas cuando su significado es accidente que envuelve peligro, suceso o evento potencialmente riesgoso. Su contraparte cuando se la coloca sobre el monte de Júpiter, es evolución espiritual, triunfo inesperado sea social o laboral. Sobre el monte de la luna una estrella es peligro de naufragio y de morir ahogado. De igual manera las cruces son consideradas signos nocivos, pues marcan obstáculos, peligro en el agua, disgustos, desencantos y ¡alto! tendencia a ser robado. Como todo, puede tener aspectos positivos, por ejemplo, si esta forma de cruz se halla sobre el monte de la Luna denotara misticismo.

Los puntos sugieren despechos del corazón, enfermedades y hasta muerte de seres queridos.

Las rejas denotan aspectaciones desfavorables, como la vanidad y el ego. Cuando este símbolo se ubica sobre el monte de Saturno, indica fuerte frustración, e incluso tendencia al suicidio, pero si se coloca sobre el de Apolo mejor conocido como monte del Sol, representa obstáculos para evadirse de la frustración aunque el sujeto lo intente.

Quienes las poseen, suelen ser personas frecuentemente deprimidas. Y una reja sobre el monte de la luna, señalara impaciencia, desasosiego.

Los enojos del corazón, los disgustos entre parejas, algunas enfermedades e incluso, las vinculadas con la pérdida de energía y las hemorragias, se ven representadas por las islas que -en ocasiones-, incluso significan anemia. Como contraposición, una isla sobre el monte de la Luna nos indica el don de la clarividencia.

SIGNIFICADO DE CADA DEDO, TAMAÑO Y GROSOR

Importancia de las uñas

Prolongaciones de la mano al mismo tiempo que la conforman, los dedos se convierten en parte determinante de la interpretación quiromántica y quirológica, donde su longitud, ancho e incluso forma, definen aspectos concluyentes y precisos de la explicación que se da al consultante.

En tiempos remotos, era tal la importancia de los dedos, que fueron usados como ofrendas para aplacar los espíritus, que según la creencia de esos tiempos, aliviarían los fenómenos como lluvias, deslaves, o terremotos. Cercenarse un dedo para darlo como ofrenda, no era nada extraño para entonces. Se aludía que representaban una conexión con el mundo inmaterial y por ello se relacionaban con el entorno. Se consideraba en gran estima una mano a la que le faltase un dedo.

Analizados por su longitud, nos dan información variada sobre el perfil de quien los posee. Dedos alargados muestra a quien se extasía con el detalle y el estudio minucioso de las cosas, es analítico y estudioso; mientras si éstos son muy cortos, se trata de una personalidad práctica e intuitiva. En cambio, si la mano y los dedos son proporcionales, queda claro que es de naturaleza equilibrada. Es de notar, que la relación de los dedos entre sí es muy importante, pues la armonía entre ellos mostrará la fortaleza como cualidad primordial.

La interpretación de la lectura de manos, las líneas y los dedos, debe ser elaborada en conjunto, los palmistas afirman por que las puntas de los dedos nos proporcionan información valiosa sobre el carácter de la persona. Se las ha clasificado en cuatro tipos básicos:

Puntas redondas: su lectura denotan una disposición bien equilibrada, las poseen individuos adaptables a los cambios, vanguardistas y en quienes resaltan las ideas nuevas. Razonan con tacto.

Espatuladas: estrechos en la primera falange y que luego se ensanchan en forma de espátula. Las tienen personas magníficas como amigos o compañeros. Entusiastas e independientes, amantes de la lectura, proclives a una vida de acción por su enorme vitalidad, enérgicas y entusiastas. Muy trabajadores, son exitosos como mecánicos y vocación para los oficios.

Cónicas: nos señala a seres impulsivos, vehementes ante la naturaleza y el arte por su extrema sensibilidad, esto los hace intuitivos más que racionales.

Cuadradas: Confiadas y de hablar concreto, se expresan en forma directa y con claridad, por tratarse de personas que tienen gran seguridad. Son estables y la requieren tanto para otros como para sí mismos, pues adicionalmente, son ordenadas.

Algunos tipos de puntas de dedos están relacionados con la forma de las manos. Las personas con manos de agua, por ejemplo, poseen muy a menudo puntas cónicas, mientras que las puntas cuadradas se encuentran habitualmente en las de aire.

La mezcla de uno o más tipos de puntas en los dedos de la mano también es habitual. Son las llamadas mixtas, sugieren una persona versátil que se adapta fácilmente a las situaciones nuevas y que puede destacar en una amplia gama de profesiones.

Los dedos, y cada uno con una marcada referencia, están divididos en tres secciones y el largo de cada una de ellas nos indica las características individuales de quien la tiene. En todos, los nombres de diversas deidades mitológicas nos hablan en un lenguaje metafórico y simbólico de cuyas características, talentos y vicios, reciben influencia. Son la parte de la mano que simboliza la energía yang, masculina.

Al hacerse una evaluación pormenorizada de una mano, información que el grueso de las señales. Es conveniente considerar las articulaciones (nudillos) de los dedos, pues cuando son prominentes, indican una persona analítica y de buena concentración, con predisposición a las matemáticas o las ciencias. Sin embargo cuando son lisos, revelan intuición, impulsividad y debilidad por el arte.

Develar el código de la mano, implica aprender aquello que tenemos encriptado en sus componentes. Por ello estudiar los dedos uno a uno, es parte importante de esta obra.

Pulgar

En el hombre, es proporcionalmente el dedo de mayor tamaño que en el de los otros primates, al dedo pulgar se le conoce como el de Venus o Afrodita. A pesar de ser el único que únicamente tiene dos falanges, en el análisis quiromántico tiene especial relevancia, pues habla en forma directa del temperamento de quien lo posee. En otros tiempos llamado dedo pollex, se reconocía por ser el que establecía el poder, lo cierto es que compendia las características éticas del ser, quien persevera para conseguir las metas, adicionalmente representa a la voluntad, sin ser lo único que en él está signado. Por igual en este dedo está suscrito un aspecto determinante en la vida del hombre como es la sexualidad vista como la resistencia en su aspecto más holístico y sensual, e incluso la capacidad de tomar decisiones. En él se remarca el bien y el mal, el hombre cruel o el beato, el bárbaro o el virtuoso, en todo caso, la fortaleza es lo que lo distingue. Mientras más ordinario es ese dedo igualmente lo será quien así lo posea. Su segmento superior muestra la fuerza de voluntad y la inferior señala qué tanto estimula hasta obtener lo que desea.

Su longitud óptima sería hasta la mitad de la tercera falange del índice, pero si son más largos, señalan carácter fuerte, indica don de mando con toques de testarudez, los más cortos corresponden a un carácter voluble, pero una porción superior gruesa muestra personalidad obtusa.

Siendo la diversidad de forma una determinante, se debe considerar que los largos y anchos los tienen quienes perseveran y son exitosos, pero en cambio largos aunque estrechos, corresponden a aquellos que no tienen el empuje para el logro, aunque desean serlo. Pequeños y anchos los de quienes carecen de determinación, y cuando son excepcionalmente anchos, incumben a gente agresiva. En este caso, si la porción superior es muy angosta, la debilidad en su carácter será su sombra.

Como curiosidad, les cuento que el pulgar, introducido y sobresaliendo entre el índice y el medio, conforma una figura conocida como higa, y dentro de la cultura y el mundo de la magia brasilera como figa. Es uno de amuletos más utilizados en toda América Central y del Sur, sin olvidar que en la región de Galicia, España y Castilla- León también tienen apego a ellos. Su connotación principal es la de ahuyentar la envidia, evadir el mal de ojo y las enfermedades por contagio. También se la conoce como la mano que rechaza el mal.

Indice

Júpiter, el dedo que señala, el índice, es el del gatillo, el disparador. Al igual que el planeta cuyo nombre se le ha endosado, representa el Maestro obsequioso; la persona organizada, puntual y con elevada autoestima. Así mismo la autoridad, es el motivador y la confianza, la ambición, liderazgo y metas, el poder y uniones, los ideales. Indica el dedo que beneficia la totalidad de la mano. Cuando es largo, revela gran necesidad de sentirse respetado y una persona con mucha determinación, pero si lo es en total llega más allá de la mitad de la primera falange del dedo medio, su tenedor será romántico pero no ardiente y es capaz de responder ante una crisis. Pero si su primera falange se separa del monte que lleva su mismo nombre -Júpiter- por líneas profundas, muestra éxito seguro. Cuando su longitud total llega más lejos que la primera falange del anular implica claridad de ideas. Cuando es más corto supone un gran ingenio.

Si estuviese torcido o fuese corto, indica problemas con las figuras que representan la autoridad, o una lucha con su poder personal, pero recto, señala destreza para las ciencias y el estudio.

Dedo-rey o dedo índice, como se le conoce, guarda relación con la casa IX de la astrología, con la religión y las tendencias espirituales de la persona y su palabra clave es el destino. En hombres y mujeres suele ser diferente, en ellas índice y anular suelen tener casi el mismo tamaño, mientras en ellos el anular es ligeramente más largo, sugiere ambición y se preocupan por avanzar, mientras que si es corto demostrará pocas aspiraciones y carácter, son tímidos y tienden a dudar, aunque muestra sensibilidad, y tendencia a lo artístico. Se le conoció como dedo index, el que indica, el que guía, por ello los hebreos colocan en él la alianza matrimonial. Señala el conocimiento, tiene capacidad de comunicación, es el que refleja y proyecta hacia la imagen personal, contagiada de autoconfianza.

De las tres falanges en las que se divide, la parte inferior separadas con líneas profundas del monte de su mismo nombre, Júpiter, es una indicación de éxito.

Medio

Tanto el dedo medio como el montículo que se encuentra bajo él, tienen la regencia de Saturno. Esas porciones que en la mano se gobiernan por la influencia de ese planeta, representan y miden la determinación, la autovaloración.

Es aquí donde un quiromántico, lector de manos responsable, indaga en la actitud de su consultante, si éste está haciendo aquello que debería, entonces va en pos de cumplir su misión. En estos casos las palabras clave son disciplina, prudencia, recursos, pesimismo, el mundo corporativo, deber, seguridad, integridad, dinero, valores, ambientalismo, conformidad y estructuración.

También conocido como dedo cordial, es el símbolo mágico del eje de la vida. Si los dedos son largos habla de karma, la sección más cercana a la palma describe la familia, a la sección media señala el mundo de los negocios y la cercana a la punta nos muestra el mundo espiritual. Si se trata de un dedo más delgado en la parte superior, nos habla de una persona seca, de talante acomodaticio. Como curiosidad, aquellos que tienen una línea recta que atraviesa toda la tercera falange de este dedo, deja sin lugar a dudas visos que promueven una carrera militar exitosa.

Un dedo cordial corto, nos habla de una personalidad filosófica ante los quehaceres de la vida, pero si es de forma cuadrada, seguramente tendrá tendencia a la desconfianza aunque con ingredientes de cordura. La forma espatulada nos señala interesantes capacidades para actividades de movimiento, como los deportes.

En tiempos lejanos se le conoció como impudicus, pues era el dedo utilizado para ofender. Aún hoy esa seña, de puño cerrado y el dedo medio erecto, implica un agravio. La mayoría tienen el dedo medio de tamaño adecuado al de los otros, es una manifestación de que no son extremistas, pero si tiene mayor longitud, muestra una persona que se toma la vida en serio. Y corto, indica que es flojo y le concede poca importancia a las cosas.

Debido al creciente énfasis en seguridad, empleo y éxito en nuestra cultura, Saturno tiende a llenar su mundo de cosas. Está representado con un dedo cambiado de alguna manera, sea doblado, excesivamente largo o cualquier otra forma de transformación.

En el caso del largo de los dedos Apolo y Júpiter deben ser comparados, pues si el último es más largo, quien lo posee es un seguidor de las ideas de otros en lugar de buscar sus metas personales. Este proceso le durará hasta los treinta años, entonces hará cambios notables en su personalidad. Cuando entre Saturno y Júpiter -diríase el dedo índice o el medio- existen espacios anchos, se trata de personas gastadora.

Por cierto, quienes usan las motos, los moteros, tienen un saludo muy peculiar que ahora se conoce como "de la victoria". El saludo -en los primeros tiempos- se hacía con la palma abierta y el brazo levantado, pero con el tiempo, el gesto fue variando y ajustándose para convertirse ahora en una V formada por el índice y el dedo medio. Ritual que ninguno de ellos deja de hacer, aun cuando no conozca a quien saluda.

Anular

La representación en nuestra mano del más luminoso de todos los astros, el Sol, es el anular, también conocido como dedo de Apolo. El de la riqueza en posesiones tanto materiales como espirituales, por ello en el se colocan las alianzas.

Manifiesta los sentimientos que tiene el sujeto sobre su ser, la salud, los aspectos metafísicos y el karma se expresan en él. Debe decir: en él se expresan la salud, los aspectos metafísicos y el karma.

Creatividad, merecimiento, habilidades, el arte, la belleza y la estética, la personalidad y las habilidades sociales son, en este caso, las palabras claves. Puntiagudo, alude a su sensibilidad por lo hermoso; cuadrado, significa tendencia artística con disposición para la creatividad aplicada al arte.

Es de hacer notar que cuando se poseen talentos e ingenios excepcionales, sean en la disciplina que sea, se suele encontrar una estrella ubicada en el monte de Apolo, pero la fama la lograrán quienes adicionalmente posean una línea recta que sale de la raíz del dedo y sigue hasta su primera falange, pues cuando estas coordenadas son nítidas y van en ascenso, indican signos prósperos. Suelen tenerla escritores, pintores, ceramistas y otros artistas, plásticos o no pero de renombre. Y excepto que ese dedo sea corto, quien lo tenga no será creativo aunque si mostrará facultades de percepción e intuición; en cambio será tímido y sumamente raro.

Sin embargo, de mejor tamaño e incluso largo, su poseedor tendrá una naturaleza creativa. Les irá muy bien en el diseño artístico o de modas y serán aficionados al juego que solemos considerar de azar. Si es un dedo muy largo, se trata de un personaje petulante y despótico, muy evidente en los intelectuales, políticos y gobernantes. Cuando es deforme o desproporcionado con respecto a los demás, resulta una advertencia sobre problemas que refieren el mundo de las emociones.

Tamaño y forma de la parte inferior de ese dedo señalan cuan aceptado en el mundo se siente el sujeto.

Usar la sortija en el dedo anular de la mano izquierda viene de la cultura griega, argumentándose que la vena de éste dedo se comunicaba directamente con el corazón, por lo que también se le conoció como dedo medicus. A la iglesia católica le costó aceptar esto e incluirlo en su ceremonia, pero cuando lo lograron, lo hicieron colocando la alianza en el cuarto dedo. El sacerdote que oficiaba la ceremonia, tomaba la mano izquierda de quien se casaba, y tocando los dedos a partir del pulgar decía: "En el nombre del Padre del Hijo y del Espíritu Santo", hasta colocar el anillo en cuarto dedo. Como curiosidad se dice que, para lograr la armonía y el silencio interior, se ponen los nudillos de tres dedos de la mano bien sea en el suelo o sobre los dedos de los pies. El movimiento implica inclinarse y hacer una inhalación antes de completar el movimiento cuando se colocan los dedos, tal como aquí se indica.

Meñique

Por otro lado, esta porción de la mano está signada por el planeta Mercurio y se ubica en el dedo meñique, y aun siendo un espacio muy pequeño suele revelar mucho sobre su tenor. Su poca longitud llevó a que en la antigüedad fuese conocido como minimus o auricularis. En el primer caso por su corto tamaño y en el segundo por ser usado para el aseo del oído.

Escritores, comunicadores y expertos en el área de la informática son los que poseen muy bien definido este dedo. Pero para los estudiosos de la quiromancia, quienes doblan este dedo hacia su vecino el del Sol, Apolo, se las señala como maliciosas y taimadas.

Un meñique corto que no llega hasta la tercera sección del Apolo, supone una gran perspicacia, nos aclara que –por ejemplo como escritor- no llegará lejos, aunque se maneja estupendamente cuando trabaja en concordancia con otros, asumiendo que desde la soledad le será más complejo, amen de mostrar inmadurez emocional.

Si el dedo se tuerce se trata de una persona que sostiene sus criterios, léase que no se tienen dos discursos, sino uno y vertical, pero expresa actitudes injustas para con los demás.

Mercurio (meñique) representa la comunicación en todas sus facetas, la tenacidad, el toque de ingenuidad. La inventiva, la capacidad de intimar, de negociar y ser estratega, el mercader y el sanador son las palabras que se acogen a este signo. Pero es preciso recordar que también acoge al tramposo, y serán sus características individuales y particulares, las que definan hacia cual lado tenderá la balanza.

Un dedo Mercurio -meñique muy recto- señala que el sujeto es agudo, de pensamiento veloz e inteligente pero no necesariamente un buen comunicador, de estar torcido, puede representar aspectos que impriman la confiabilidad o la actuación en hechos poco ortodoxos. Si es pequeño revela temor ante el abandono. Ojo, serán poco confiables, quienes -por su largo- llegan con la punta del dedo hasta el nacimiento de la uña de su dedo Apolo. Por el contrario esa longitud muestra una interesante claridad de ideas y capacidad hacia la comprensión, elevado coeficiente intelectual, son buenos escritores y conferencistas, amantes del sexo.

Si sus falanges son excesivamente cortas, será un síntoma claro de que -en algún momento de su vida- tendrá problemas familiares afectivos de importancia. Pero si hiciese el menor intento por resolverlos, será peor el remedio que la enfermedad, causando daño a esos seres.

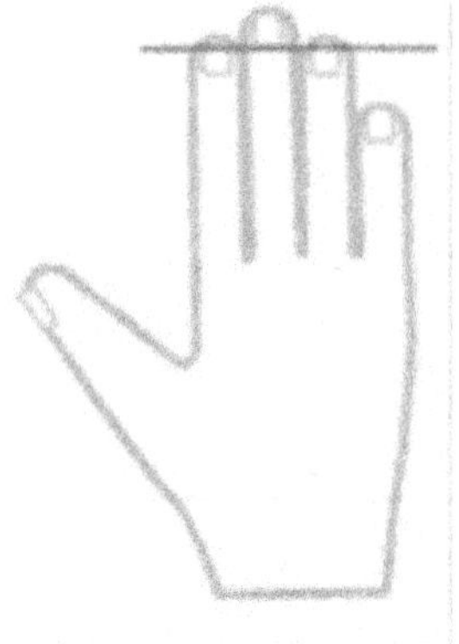

Relación entre la longitud de los dedos y sus características

El buen ego, el que se manifiesta desde el balance y se muestra cuando el índice llega al segmento inferior de la uña del dedo medio. Se sugiere alternar las emociones cuando el dedo anular llega a la parte superior de la uña del dedo medio. Mas cuando el dedo anterior llega al final de la parte superior de la uña del dedo medio muestra gran confianza.

Hay una inclinación a señalar impulsos emocionales y creativos cuando el dedo anular llega a la parte inferior de la base de la uña del dedo medio.

Poca confianza -no desconfianza- cuando el dedo anterior no llega a la base inferior del dedo medio; y cuando el anular no llega a la base inferior del dedo medio es un ser emocional. Podría ser signo Cáncer.

Cuando el dedo medio es prominente, y se hace notorio del resto de los demás es una señal de naturaleza seria e intensa. Si el meñique de una manera franca se aparta un poco muestra un talante independiente.

Uñas

Suerte de cubierta protectora que cubre una pequeña porción del dedo en su primera falange, las uñas también señalan características específicas. Sin embargo, una misma persona puede tener más de un tipo de ellas en la misma mano, detalle que debe ser considerado al momento del estudio detalle quiromántico.

Las uñas pequeñas sugieren la necesidad de orden y disciplina, al tiempo que aspectan un espíritu crítico. Esto las asemeja a algunas características de las personas del signo de Virgo.

Si son puntiagudas muestran cordialidad y aguante, pero si son en forma triangulada queda marcada una personalidad introvertida y ordenada. Unas uñas cuadradas refieren una personalidad equilibrada, sobre todo cuando el color de la uña es uniforme. Cuando son más rectangulares muestran intuición y sentimentalismo no exento de toques de practicidad. En cambio las uñas redondas, también conocidas como uñas hipocráticas, suelen ser las de personas con disposición a sufrir enfermedades respiratorias, como son propias de gente estresada las uñas planas.

QUIROMANCIA

¿ARTE O CIENCIA?

Qué es quiromancia y para qué es útil.

Método Dermatoglifo. Dermatografías.

La huella digital.

Quiromancia, nombre que se le ha otorgado al estudio que da a conocer los códigos y simbolismos representados por las líneas y formas de las manos, espacio del cuerpo donde se encuentra grabada nuestra historia personal.

Conocimiento extraviado en el correr ancestral, cuyos residuos fueron recuperados por el Occidente en forma de mancia, pero sin mayor valor probatorio. Ahora, cuando la sabiduría de los tiempos se une a la ciencia, la Quiromancia constituye en si una combinación esencial de conocimiento iniciático con doctrina científica.

Sapiencia hoy perdida en gran parte, ha ido sin embargo, recorriendo la historia de forma muy diversa, bajo cuyo enfoque se está redescubriendo como ciencia y lógica, un saber que se transmite a través de la mano, esa pantalla de datos que refleja nuestro ser y aptitudes.

Es una práctica basada en la observación y el estudio, al aguzar los sentidos a la realidad que se manifiesta y expresa a través de símbolos. Pero es también la visión, la que detecta el código y, de acuerdo a la comprensión del profesional, traduce lo observado en información veraz

Desde tiempos lejanos ligada a la superstición, pasando por las mancias y la adivinación, esos conocimientos fueron difundido desde hace unos 12.000 a 15.000 años atrás; asirios, chinos, caldeos, hebreos, griegos y egipcios, así como grupos étnicos en América, le atribuyeron un origen divino. En este nuevo milenio, ha tomado un rumbo diferente, y se ha definido como Quirología Científica.

Algunos investigadores señalan que, en las manos, también se encuentra expresada la memoria colectiva, siendo una determinante que de ellas depende el avance evolutivo, el cual sumado a la inteligencia humana, establece el complemento indispensable para el desarrollo de la especie.

En nuestro planeta varias de ellas tienen la capacidad cerebral suficiente para lograr un mejor grado de desarrollo, pero carecen del talento para manipular los objetos, tan refinadamente, como lo hacen las manos del hombre.

Especie de archivo infinito, diminuto depósito de inmensa información que procede de impulsos cerebrales, y allí, quedan marcados. Está tan actualizado su conocimiento y uso, que es difícil encontrar, en ninguna parte del planeta, un diseño representativo para identificar un lugar donde se dediquen a alguna de las mancias conocidas, que no sea el de una mano.

Como prolongación de nuestras extremidades superiores, forman parte de ella y -de manera conjunta con el cerebro, componen el apéndice indispensable para el desarrollo: ellas ejecutan lo que el segundo indica. Bien adiestradas, sirven tanto a orfebres que traducen su arte en primorosas filigranas, como a pasteleros, talladores, magos y hechiceros al obrero tanto como al sanador que transmite la energía cósmica o las delicadas cirugías de un médico. Son un mapa de nuestra vida.

A través de la Quiromancia y la Quirología nos preguntamos ¿cómo nos beneficiamos de una lectura de mano? No es sabio enmarañar los conceptos por lo que de parecidos puedan tener sus nombres. Es del análisis de la totalidad de los componentes de las manos que surge la definición de las características específicas del ser, de su personalidad. Esto involucra aspectos sutiles que, de otra forma, pasarían desapercibidos para un ojo profano.

Definir la Quiromancia únicamente como arte sería inadecuado, porque no es producto de nuestra creación; se la puede considerar ciencia, ya que se maneja por normas de ésta. Sin embargo, carece de su rigidez, pues se emplea aplicando -adicionalmente- la intuición del lector. Se apoya en el análisis y aplicación del conocimiento que se tiene de sus componentes, líneas y montes de las manos, relacionadas con los rasgos psicológicos y fisiológicos de quienes acuden a ser -quirománticamente-evaluados.

Bástese recordar a Octavio Paz, con su frase "... Presagios que se escapan de la mano".

El objetivo primordial de un lector de manos, es el de poder interpretar las cualidades reales de la persona; ya sean afectivas, económicas o bien profesionales, ver si estas se han desarrollado o no, cuáles han sido las circunstancias que han acelerado o frenado el proceso de su desenvolvimiento individual o social y, de qué manera han influido dentro del contexto en el que está viviendo. Es la palma de la mano la que nos proporciona esa información en el mapa de nuestra vida, y a nosotros a quien corresponde la mayor parte de la responsabilidad para -a través del alerta- poder modelar nuestro hado, el destino que deseemos vivir en el futuro y transformar nuestra historia.

Si imaginamos que todos poseemos diversidad de energías, la palma de la mano nos muestra como ellas fluyen adecuándose al estilo de vida que llevamos. Una persona incomodada porque el trabajo que realiza no está a tono con su deseo interno, construye ese mapa manifestando el aburrimiento en el que se encuentra, esto podría ser diferente si hallamos en la vida lo que nos haga felices y realizados. Será tal y cual la diseñemos, y nada vendrá por añadidura si, desde sus inicios, no lo buscamos. Es así como -desde la óptica de la Quiromancia- somos los maestros hacedores de nuestro destino.

La mano está entrecruzada de líneas y montes, conformando así los aspectos que definen la vida misma de ese ser, señalan o registran tanto impresiones emocionales y mentales como también fisiológicas. Aquello que muchas veces -de una forma algo alegre- se "lee", en realidad representa la parte más íntima, atemporal y asombrosa del mundo psíquico. El inconsciente, las funciones y capacidades innatas tanto como las adquiridas a lo largo de esta encarnación, así como también las que permanecen allí, a la espera de ser develadas. Estas pertenecen a vidas anteriores, aunque intervienen en los estímulos recibidos a través de los sentidos, cómo influyen dentro del paisaje de la vida.

Implica que arriesgarse a hacerse una "lectura intuitiva" aunque con total desconocimiento -al menos de la materia teórica-, generaría serios errores por no tener una base de sustentación que apoye la consulta. Así mismo es necesario contar con un buen aval de conocimientos que abarquen cultura general, astrología, complementarlos con extensos aspectos mitológicos que envuelven esos códigos, para sumarlos ampliamente al saber psicológico o de la conducta del ser. Es esta combinación de conocimientos lo que contribuye a hacerse un buen intérprete de la Quirología.

El beneficio principal que obtenemos de una lectura, es la calidad de la orientación que se recibe de parte del experto, evitándonos actuar en forma errada cuando tenemos quien interprete combinarlos, entrelazarlos para ser un lector con dominio de la situación. Una fórmula sabia para iniciarse es analizar su propia mano, recordando que podemos incurrir en ver aquello que deseamos ver.

En cambio cuando lo hacemos con las de familiares y amistades, conocidos, relacionados, vecinos, nuestra opinión suele ser más imparcial. Insisto en repetir que de la constancia en la experimentación y práctica, derivará el éxito de esta labor.

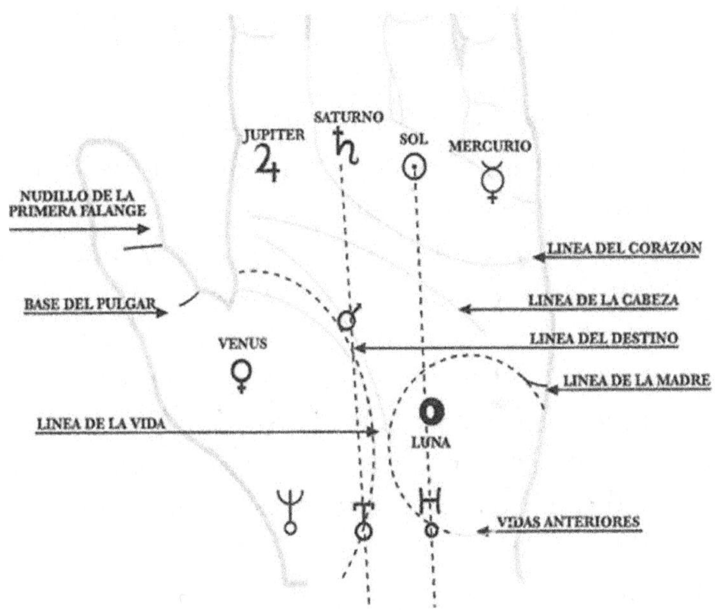

Al profundizar en esos análisis, seguramente encontrará de sobra caracteres que le permitirán irse adentrando en la intensa exploración. Un detalle que no debe pasarse por alto, es la repetición de uno de ellos: bien es sabido en esta ciencia que, un signo manifiesta la cualidad y su repetición en la otra mano la confirma nuestras potencialidades, puesto que no se requiere de ningún "don" para ser quirólogo. Se necesita estudiar la información codificada que las manos contienen y saberla expresar e integrar a la comprensión del consultante.

Un quirólogo profesional, estudia esto de la misma forma que podría hacerlo con un idioma extranjero, por lo tanto, una vez que lo conoce, es como si leyera en su lengua materna.

Desde luego, no es solo saber comparar los códigos o signos sino aprender, incluso utilizando aquí si, la intuición, cómo la textura y tacto de la piel es importante como una definición inicial. Suave, rígida o muy rígida no depende del estilo de trabajo que se efectúa. Las personas cuyas manos son blandas tienden a ser refinadas, sensitivas y eligen funciones y actividades exquisitas. Quienes tienen la piel rígida, dura o endurecida son severos y suelen preferir actividades en materias concretas. Callosidades, artritis o enfermedades de la piel como eczemas, no son relevantes para la Quirología.

Algunas manos son dúctiles, indicando así una naturaleza de estilo manejable y tierno, pero si esta fuese rígida nos mostraría por el contrario, un carácter intransigente, obtuso y concluyente.

Método Dermatoglifo

Esta técnica, desarrollada en Francia, es el nombre de los dibujos constituidos por el alineamiento de los poros de las glándulas sudoríparas, los cuales corresponden a las líneas finas y delicadas, existentes en las puntas de los dedos, palmas de las manos y de los pies. Mientras Dermatografías es el término que expresa el estudio y análisis de esos pliegues. La palabra se compone del prefijo derma que significa piel y glyphs que enuncia esculpir.

Sobre esos diseños, chinos caldeos, faraones egipcios e hindúes, entre otros, dejaron referencias y escritos muy antiguos, como los hallados en Varanasi, India.

En años más recientes, expertos y estudiosos de Occidente, localizaron marcas y rasgos genéticos, raros y definidos, algunos patrones dermatológicos, únicos en cada persona, a los que se les conoce como Método Dermatoglifo. Este apunta a la alianza entre conducta y huellas digitales o dactilares, son los surcos o líneas que existen en las yemas de los dedos.

Mientras comúnmente las Dermatografías se usan como el estudio de los diseños existentes en las yemas de los dedos y que se conforman de las rugosidades de la piel, se las conoce como huellas digitales, líneas de formas únicas en toda persona, que se usan para tipificación de identidad. Se estudian desde la ciencia de la Biometría la cual se dedica a la identificación de individuos a partir de una característica anatómica o un rasgo de su comportamiento. Uno de los segmentos específicamente señalados por la Biometría es, precisamente, la identificación por huellas dactilares, que se acompañan por el patrón de la voz, el iris de los ojos, los rasgos faciales, y el reconocimiento por ADN.

La huella no solamente es digital; imperceptible para el ojo, hay una huella individual marcada en la palma de la mano que abarca hasta la muñeca. Se correlaciona con las huellas del pie, de talón a dedos, para lo cual se necesario considerar amplios conocimientos matemáticos.

Este tema es de tal importancia que, desde 1901, Scotland Yard la aceptó como elemento concluyente en toda investigación criminal. Sin embargo, es importante acotar que en ocasiones, también existen glifos en la palma de la mano.

Investigaciones clínicas señalan que los dermatoglifos descubren una correspondencia entre las anormalidades genéricas y ciertas marcas en las manos. En este campo, un aspecto importante, son determinados esquemas de la huella digital, los cuales lo relacionan, análogamente, con enfermedades cardiovasculares.

También se descubrieron los pliegues de flexión; se trata de líneas profundamente marcadas que corresponden al doblez de la piel en relación a una articulación subyacente. Las huellas digitales comienzan a formarse a partir de la sexta semana de vida intrauterina y se conforman -en su totalidad- a las diez y seis semanas de la concepción, cinco meses antes de entrar a la vida; son individuales e inalterables, jamás cambiarán. Proceden de la impresión de una onda energética que se desprende de muy lejos. La tesis de las malformaciones congénitas, está definida en estudios profundos de estas líneas, y es el aspecto que corresponde a la ciencia de la Quiromancia.

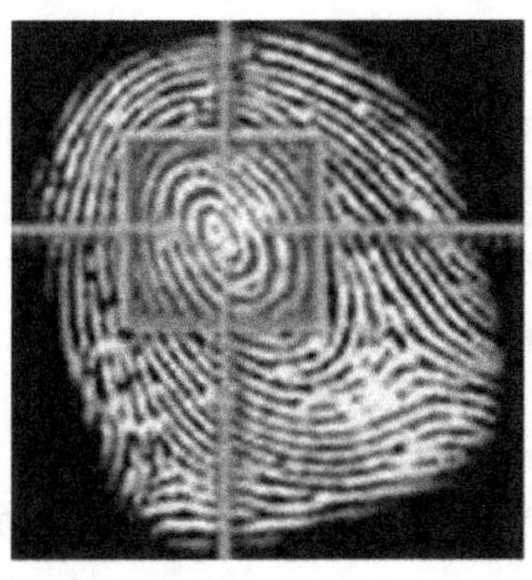

Entre las ciencias ocultas de ese emporio oriental que hoy en día es la China, la lectura de manos siempre ha ocupado un terreno privilegiado. Allí, tres mil años antes de nuestra actual, era el emperador quien validaba el contenido de los manuscritos, imprimiendo la huella digital de su pulgar para sellar documentos. Y aun hoy en día, a los analfabetas se les hace firmar de igual manera. Como sistema para interpretar las marcas de la suerte en las manos, en el 2000 antes de esta era se escribió en sánscrito el "Samudrik Shastra". No son los únicos escritos conocidos, pues también aparece en textos vedas y semíticos, posteriormente practicada por Anaxágoras e Hipócrates aunque Aristóteles tampoco estuvo ajeno a ello.

La dinámica de la formación de esos rastros digitales claramente señala una conexión profunda a algo mayor que el ser consciente. Y si esa realidad es el legado del ADN de nuestros antecesores, u otro plano de existencia multidimensional, las huellas digitales son nuestro mapa de abordaje hacia esas aguas desconocidas. Todo es cuestión de saberse mover entre símbolos, códigos y alegorías, unos muy abiertamente manifestados, otros ocultos y, en su mayoría, sencillamente producto de una combinación de estudio con más estudio.

El experto Richard Unger reconoció un mapa topográfico escondido entre las huellas digitales; a diferencia de la forma y líneas de la mano, las cuales pueden modificarse, este nuevo mapa permanece inalterable aun antes del nacimiento. Pero fue Juan Vucetich, antropólogo de origen croata, quien hace más de un siglo, estableció en Argentina el método para su identificación.

Cada huella se compone de entre cincuenta y cien líneas que, generalmente, establecen un componente topográfico del desarrollo fetal de la mano. Estas diminutas formaciones muestran evidencias de la onda energética inteligente que se imprime en nuestro mundo tridimensional. Independientemente del nombre que le queramos dar a la energía que deja esas marcas en la punta de los dedos, digamos que es la espiritual, o la del alma, el ADN, el Espíritu Creador, etc. este indeleble mapeo nos revela -en detalle- un inalterable modelo de lo que será nuestra vida. Lo que valida ese diseño, es aprender a interpretarlo.

A este respecto los indios Navajo tienen una hermosa leyenda que relata como "El Gran Espíritu daba el soplido de la vida y los caminos de ese soplido constituían las huellas digitales" señalando así que no existen dos huellas iguales.

Aunque se dice que no cambian a lo largo de la vida del individuo, otras teorías dicen que las separaciones entre surco y surco, se amplían con la edad. Sin embargo, fundamentalmente sigue siendo la misma aunque en cada dedo será diferente como también lo son en todos los seres humanos, únicas e irrepetibles aún en gemelos univitelinos o idénticos.

Para la identificación de las persona, se toman en los dedos índices, por estos menos propensos a tener cicatrices que perjudiquen la individualización.

Como herramienta científica, este conocimiento se coloca al servicio de la sociedad donde su uso es diverso. A título de curiosidad y para no pecar de ignorancia, debemos saber que ya existe una amplia serie de lectores de huellas digitales, que incluso pueden ser incorporados en los ordenadores comunes. Eso permite coordinar la seguridad informática del usuario, que fiscalizará sus equipos con metodología biométria. De igual forma, para el acceso a las habitaciones de los hoteles, estudios de paternidad, controladores de asistencia en las empresas, e incluso contribuyendo en casos penales.

Sin embargo, es preciso aclarar que hay causas genéticas que impiden la formación de huellas dactilares. Se trata del mal funcionamiento de una proteína conocida como 'cretín 14', y se le conoce como 'síndrome de Nagali'.

Las marcas pueden ser clasificadas en una de cuatro tipos. Tal y como la investigación científica lo establece, la misma formación energética que genera el diseño del tatuaje humano, ocurre en alguna otra parte de la naturaleza, como por ejemplo las líneas de la piel de la zebra, las formaciones de las dunas desérticas o la arena seca en las playas. En cualquiera de los casos, el esquema es similar y, exceptuando el tamaño, este es absolutamente idéntico, lo que nos hace pensar en la duplicación de formas tantas veces señalada.

En términos generales, la preponderancia de un tipo particular de huella puede hablarnos del temperamento fundamental en el sujeto. Una fórmula para determinar el propósito kármico de la vida, se hace mapeando el número y tipo de impresiones junto con el de ellas. Es interesante saber, que en el Estado de California, USA, se ha constituido un instituto dedicado en exclusiva a la investigación, estudio y desarrollo de este específico tema, debido a la relevancia que va tomando en diversos campos científicos, acompañados de los holísticos.

La lectura de ese mapa trae nuevas perspectivas sobre el proceso de vida de la gente en sí, una visión ampliada de su propio papel en el desenvolvimiento de su historia personal, un sentido de transparencia, nitidez y focalización en cuanto a lo que representa y significa su misión de vida. Es decir que, esas impresiones prevén un mapa de ese aspecto develando así un código y abriendo la puerta a un éxito, creatividad y compromiso bien integrados. No hay absolutamente nada tan poderoso como conocer nuestra misión en este espacio de tiempo que viviremos; lo cual se diferencia con el propósito de vida, a lo que sumamos el deseo de llevarla a cabo. Encontrarla debe convertirse en nuestra razón de ser y es lo más importante que vamos a hacer durante nuestra existencia. Por lo tanto, si las marcas dactilares develan el código, necesitamos entonces aprender a interpretarlas.

Lo primero que un bebe se observa, cuando ya tiene capacidad para mover la cabeza y orientar focalizadamente sus ojos, es la mano, fijando su atención específicamente en la palma, cuyas líneas aparecen a principios de la gestación. Según los expertos del laboratorio Böehringer de Alemania, estas son producidas por el líquido que fluye del encéfalo del feto hacia las extremidades, a los dos tercios del tiempo de embarazo cuando ya están bien definidas. También hay un aspecto genético que suma las líneas de padres, abuelos y bisabuelos.

Todas estas perspectivas conforman la porción científica de la interpretación de las manos, que no la palma de ellas. Podría en cambio decirse, que la comprensión de ella sumada a la de la mano misma, trata de un estudio profundo y eterno, como lo son los cambios que pueden concebirse en una mano y como lo hacen otras entre sí.

¿Arte o Ciencia? Ninguno de los dos. Estudio profundo, análisis extenso que correlacione los diversos aspectos del diseño que componen líneas, montes, y capacidad de discernimiento entre el cerebro que piensa y saca conclusiones y el ojo que observa los símbolos y códigos implantados desde una realidad.

El primer texto conocido sobre Quiromancia, De Philsiognomia de Michael Scotts (1477) habla de la fisonomía del cuerpo del hombre y le dedica un capítulo completo a los aspectos de la mano. Refiere que, así como una piedrecilla lanzada al agua crea círculos concéntricos así nuestros pensamientos crean un efecto similar en la palma de la mano. Hoy en día evaluadores de la Quiromancia, quirománticos digamos, son aceptados como profesionales en todas partes del mundo, es tema predilecto de muchas revistas, y su objetivo primordial, es tener la capacidad de interpretar correctamente los atributos de su consultante. Pero hay un componente artístico en las manos, que emana de la maestría en expresarse a través de ellas: su posición durante la conversación y cómo la observa el artista plástico. Sea en pintura, escultura o talla, la fortaleza de su correspondencia entre huesos y músculos, la señalización de los dedos, además de la palma, indicando tendencias de sus tipos para destacar su personalidad. En este sentido, los artistas proporcionan mano y dedos, acordes con lo que de su modelo se desprende.

Popularmente, la lectura quiromántica deriva sólo de la observación de sus líneas, pero de ser así tendríamos una visón excesivamente simplista de lo que es la realidad, y la respuesta a su vez estaría basada en ese escuetismo, haciendo poco objetiva la orientación que se ofrece alejando de la realidad los cambios hacia lo positivo. Y de la misma manera, como no hay dos personas iguales, tampoco las manos lo son, ni siquiera en una misma persona.

QUIROMANCIA

RELATOS E HISTORIAS

Historia de la Quiromancia.

La actuación de los gitanos, sus mitos sobre la quiromancia.

Superstición vs estudio científico del contenido de la mano.

Importancia de una lectura adecuada. (Casos diversos) .

Cómo elaborar la historia del consultante.

En la sociedad en la cual vivimos es importante conocer la historia pasada, para estar al tanto y mejorar el presente. Fue necesario que civilizaciones cultas plasmaran el testimonio escrito para que, en nuestros días, las generaciones futuras, tuviesen acceso a ese conocimiento.

Como ya hemos visto, hoy no sólo se analiza y estudia la palma de la mano sino también las improntas digitales, los pliegues de los dedos, sus diferencias y tamaños, la piel que las recubre y hasta las uñas. Haciendo un todo que nos permite tener mayor información, y no únicamente la valoración de la palma de la mano. Así lo han comprendido los estudiosos de esta materia, añadiéndole, posibilidades que antes no se consideraban.

La intriga que genera el significado del contenido de símbolos de la mano, se ha conservado hasta nuestros días, aunque la data existente nos refiere que, ya desde la prehistoria, se conocía y asumía el conocimiento envuelto en ellas. Allí surgen descubrimientos que nos muestran diseños de manos elaboradas en materiales no perecederos como marfil y piedras, como también las hay en madera y yeso o mezclas arcillosas. Esas investigaciones arqueológicas consiguieron apoyo en el legado de diferentes culturas orientales, de procedencias dispares y conocimientos diversos, que han concluido por conformar una hipótesis concienzuda sobre esto.

Razonando el origen de lo que ahora llamamos quiromancia, es donde se han encontrado escritos relacionados con el estudio de la mano, tan antiguo como miles de años antes de nuestra era.

"Hast Samudrika", como se conoce popular mente la Quiromancia, es una pequeña parte de la ciencia llamada Samudrika. Es la Sastra, Quiromancia védica que desarrolla -en la antigua India- el estudio de la estructura y marcas del cuerpo y sus partes, la cual se inició hace unos cinco mil años. Ésta facilita un lenguaje entre exprese la conexión cuerpo/mente/alma, con el propósito de colaborar con nuestra auto comprensión.

Derivado de los vedas, los hindúes establecieron su sistema de conocimiento hace ya muchos siglos, y en su literatura, aparecen estudios sobre este tema desde unos dos mil años antes de nuestra era. Ya en esos textos védicos, en las Leyes de Manu, se estudiaban las manos como un método para descubrir y comprender al Ser y su manera de interrelacionarse con los otros.

Pintores, escultores y arquitectos de unos quinientos años antes de nuestra era, amén de sabios de la más remota antigüedad, tomaron medidas-patrón de ciertas partes del cuerpo, y así determinar la correspondencia entre el todo y las partes. Se trataba de fórmulas matemáticas cuya unidad era esa específica porción -que entonces se llamó la Divina Proporción o medida áurea. Es una fórmula de disimular conceptos sagrados, para que sólo quien tenga la clave pueda comprenderlos. Dicen los escritos de autores de aquellos tiempos, que esos artistas habían tomado la del dedo medio como medida de Divina Proporción. Adicionalmente, ella lograría del todo un elemento exquisito y perfecto de la forma, en otros se usó como elemento predictivo, incluyendo la quiromancia.

Como toda religión, el abordaje del cristianismo trató de ejercer un poder absoluto sobre las creencias que diferían de su dogma. En el año 313 amenaza con excomulgar a quien practique la lectura de la mano, pero tan solo lograron que se hiciera de manera encubierta. Hasta pasada la Edad Media, la Quiromancia fue considerada brujería, y se actuaba muy duramente contra quienes la ejercían. Los estudiosos tuvieron que ocultarse so pena de perder la vida, como en efecto ocurrió con muchos, tan solo por ser practicantes o asistir a sesiones de esta enseñanza. Pero al arribo del Renacimiento, aparecen innumerables sabios de gran renombre, estudiosos y usuarios del arte quiromántico.

Algunos de ellos utilizaban el lenguaje de las manos para descubrir enfermedades, de allí surge parte de la tesis de lo que ahora conocemos como Quirología.

En el siglo XVII se escribieron numerosos libros que urden las primarias ideas gitanas sobre las manos, estas se manejaban a través de la tradición desde el temprano siglo XV Como curiosidad, el lenguaje de la totalidad de la mano, y su movimiento armónico, se insinúa a través de los giros que con ella se ejecutan, y las diversas posiciones de los dedos cuando se danza. Es así como se expresan los bailes conocidos como flamenco, otra forma de manifestación del significado en sus variadas perspectivas.

Por este mismo tiempo, la Quirología se adoptó como parte del diseño curricular de la escuela de medicina. Entonces se creía que las enfermedades podían ser diagnosticadas por observación de las diversas partes de la anatomía, muy especialmente el rostro y las palmas de las manos. Esta tradición aún se sostiene hoy en día en el campo médico conocido como los anatomistas, ellos basan sus diagnósticos en inspecciones concretas y detalladas de ciertas partes de la anatomía.

Durante el siglo XVIII también se escribió heterogénea literatura sobre este tema, estos incluían tanto contenido científico como místico. En aquel entonces, se decía que los quirománticos leían la mano con una visión científica y la traducían desde la intuición. Eso contribuyo a considerar la lectura de la mano como una fórmula predictiva, tan individual, como lo es el diseño personal de ella. Suerte de combinación entre una y otra disciplina. La quiromancia es el más antiguo sistema de orientación hacia el futuro y,

durante todo el siglo XVIII, fueron los gitanos quienes expandieron por el mundo ese conocimiento, influenciando su andar por toda la ingenua y pagana Europa de entonces. El Renacimiento encuentra esta ciencia siendo utilizada para detectar enfermedades, abriéndole así paso a los estudios de tono científico, que en tiempos actuales se hace en numerosos hospitales de diversos países del mundo, pues la temática continua siendo preferida entre estudiosos de formación académica.

Como ejemplo nos queda J.E.Purkyne, médico checo de estos mismos años, quién dejó largos estudios del retículo cutáneo en relación con la genética, para ahondar en las causas de las enfermedades hereditarias.

El análisis y estudio no se cesaba, sino por el contrario se profundizaba día por día. Más adelante en el siglo XIX el Dr Carl Carus, medico del rey de Saxony integraba las palmas a la personalidad. Y no debe entonces sorprendernos ver como posteriormente, tanto Freud como Jung, hicieron uso de esta herramienta para sus diagnósticos clínicos. Es a mediados de ese mismo siglo XIX, cuando la morfología de la mano cobra real importancia dándosele inicio al asentamiento de las bases más conocidas de la Quiromancia y Quirología moderna.

Un curioso objeto que reposa en el Museo de la Mano (Museum Kulturgeschichte der Hand) en Wolnzach, Alemania, entre tantas maravilla de piezas, encontramos un talismán bávaro que está elaborado con una mano que sostiene finas cadenas de plata y al final de cada una de ellas, cuelgan manos de diversas formas. Se le considera un importante y poderoso amuleto de aquellos tiempos.

Llegamos a conocer muchos estudiosos, investigadores y simples interesados en el estudio de la mano, pero también hay evidencias de diferentes grupos indígenas conocedores desde tiempos lejanos de un lenguaje originario de las posiciones, las cuales usaban y dejaron habitantes extraplanetarios cuando arribaron a nuestro planeta Tierra (Hermanos de las Estrellas, Martha Rosenthal, pgs. 139/140).

Médicos, investigadores y otros científicos usando microscopios electrónicos y otra tecnología de punta, han aprendido que hay una verdad inocultable en esta sabiduría ancestral, y aunque aún se le da poca credibilidad, la nueva ciencia de la Biometría, reivindico este criterio para establecer la identificación de un individuo por las huellas digitales. Hay una interminable lista de otros protagonistas, quiénes dejaron testimonios de relevancia en el estudio de este tema. Personalidades como el Conde de Saint Germain, el Dr. Debrunner quién realizo en el ejército suizo estudios sobre las formas y signos de manos y pies, Bartolomeo Cocles, quiromante italiano quién deja obras de gran resonancia sobre esta ciencia, Conde de Arpentigny, oficial de la armada imperial, para la escuela francesa, Julius Spier dedico su estudio quiromántico a los niños.

Aparecen diversas escuelas como la suiza, francesa y británica. Un instituto dirigido y organizado por el médico William Benham, estudioso de la relación entre la salud física y los signos de las manos, se adjudica ser la base de la escuela anglosajona.

Dice la escritora investigadora Linda Domin en su libro Palma Scope, The Instant Palm Reader de un médico a quién se le acredita ser el autor moderno de la Quiromancia, si bien no cita su nombre. Posteriormente, como parte del movimiento bohemio en Europa en el siglo XX, hubo un renacer el cual se expandió hacia los EEUU y aún perdura. Como curiosidad, recuérdese que fue la prestigiosa quiromántica francesa Madame de Thebes quien predijo la primera guerra mundial a través del estudio de las manos de oficiales franceses y alemanes. Sencillamente dominaba la ciencia de las anticipaciones y la quiromancia, y aplicó fórmulas geométricas para lograr una concordancia entre ambos conocimientos.

Otro aspecto poco descifrado es el estudio de las manos de personas mentalmente retardadas. La médico psicoanalista y escritora Charlotte Wolff, es una de las pocas científicas que ha investigado seriamente los significados diagnósticos de estos casos, realizando indagaciones muy serias en esta exploración. Ella realizó indagaciones muy serias sobre la exploración del diagnóstico a través de las manos. Sus profundos estudios clínicos y quirológicos, revelaron demostraron a la comunidad científica, que las líneas de la mano son un reflejo de actividad emocional y mental. También que desde las manos se puede encontrar los desórdenes fisiológicos y psicológicos.

Es incuestionable que el mundo espiritual sirve de sostén al material. El mundo incorpóreo al de las formas. Es el resultado de la combinación de los diversos ciclos de existencia, las leyes cósmicas, nuestra conducta y las leyes karmicas. El hombre es lo que ha sido su ayer, el gran modelador de su carácter, y éste a su vez, la suma de atributos, errores y virtudes afianzadas en el transcurrir del tiempo. Pero así como el pasado ha regulado gran parte de nuestras vidas, el futuro es la miscelánea mixtura del ayer y el carácter.

Nuestras manos son copia al carbón de éste último; las modificaciones, los cambios en ellas sólo son sus proyecciones. Su geografía se va conformando con las decisiones erradas o no, transformaciones acertadas o no, cambios de conceptos, perfeccionamiento en el orden de vida, sea desde el ámbito social, filosófico, económico, político, cultural e incluso familiar. Estos aspectos pasan a ser un universo holográfico que, día por día, reconstruye la realidad en la cual vivimos. Por ello hablamos de una historia personal, fragmentada y variable, que se hace y se deshace, se ata y desata cada momento de nuestra vida.

¿Cómo conocerlo e interpretarlo?

Desde el espacio del alma, cada uno de nosotros y durante la encarnación presente, ha elegido la manera cómo será su desarrollo. Nuestro cuerpo es el vehículo a través del cual ese espíritu ha preferido expresar la personalidad, pero también hay elementos, formas que permiten integrar ésta con el ego, lo cual modificará la vida. Incluso puede sernos de gran utilidad, si hacemos de ese ego un elemento transformador y benéfico, en lugar de uno destructor, capaz de llevarse por delante a quien encuentre a su paso.

La mano es parte importante de ese cuerpo y, a través de ella, se expresa el cerebro; durante milenios la herramienta que un jugador esgrime para mezclar un mazo de cartas, un concertista para tocar su instrumento musical o un escultor para dar forma a su creación. Pero también la que el sanador utiliza para cumplir su servicio o una madre para acariciar, y en todas sus partes, ha quedado impresa la psicología del alma, mostrándonos el camino seguro a seguir.

Son incontables los usos de la mano. Hubo tiempos cuando ella extendida, sirvió de medida, así cómo hoy en día se ha implementado un lenguaje por señas que comunica a personas con problemas auditivos, constituye su forma de opinar y es visible en los medios de comunicación audiovisuales, para permitir que también ellos puedan acceder a la información.

Un holograma es una suerte de depósito, y nuestro cerebro funciona de esa manera, concediéndole acceso a una esfera de alta frecuencia, la cual interconecta todos los hemisferios.

De esta forma permite que trascienda tiempo y espacio, dejando señales que quedan grabadas en las manos. Se ha comprobado que cada parte del cerebro está en relación con los nervios de ella, por lo que el estudio del conjunto de sus coordenadas muestra la marcha del pensamiento de un individuo, su perfil y sus instintos encubiertos.

Cuando se hace su lectura e interpretación, la manifestación del hemisferio izquierdo, lo concreto, real, posible y matemático, lo que el consultante siente y ve, se señala de la misma manera, estampando el aspecto mágico y atemporal de nuestro mundo psíquico.

Una adecuada interpretación de la geografía de la mano, en lo personal, conlleva a hacernos mejores individuos, perfeccionar la personalidad y comprometernos -a nivel de alma- con los cambios deseados por cada uno de nosotros, esto sólo lo puede señalar un acertado estudio de los rastros, ya sembrados en las palmas por el cerebro.

El arte de la lectura de la mano que los pueblos caldeo, hindú, griego y latino nos dejaron desde milenios, fue siempre malmirado y desestimado. Pero fue a partir de comienzos del siglo XIX, cuando el pensamiento crítico fue superado. No hay un documento que compruebe dónde y cuándo nació realmente este arte, sólo se reconoce de procedencia oriental. Sabios y videntes mantuvieron bien custodiados los secretos ocultos, considerándolos no solamente esotéricos sino también religiosos. Y al igual que tantos otros misterios, sólo fueron transmitidos oralmente a unos pocos, unos retransmitieron las enseñanzas añadiendo y quitando partes importantes, otros, simplemente escucharon pero no abrieron sus labios para hablar: fueron los menos. Hoy en día, se dice que algunas sociedades herméticas conservan ciertos códigos que permiten reconocer a sus integrantes, uno de ellos se basa en movimientos específicos y discretos de la mano, imperceptibles para el ojo lego. Ahora el apretón de manos es el saludo usual entre la gente, y la norma de cortesía indica que, la persona de mayor rango, es quien debe dar inicio al saludo, extendiendo su mano para envolver la del otro.